日系企業のための
ロシア投資・税務・会計ガイドブック

スティーブ・モリヤマ [著]

中央経済社

はじめに

> ロシアは、理性では理解できない
> ただのものさしでははかり知れない独特の奥深さがある
> ただできるのはロシアを信じてみること
> 〈チュッチェフ＝19世紀のロシアの詩人、著者試訳〉

　ロシアは熱い。真冬の凍てつくような寒さの中でも、初夏のさわやかな陽気の中でも、ロシア・ビジネスは、沸騰し続けている。

　悲観論者たちは1998年の悪夢をまだ見続けているのか、「原油高依存経済は危険だ。バブルは必ず崩壊する」などと叫んでいるが、客観的に見ても、主観的に見ても、98年時点と現在のロシアを取り巻く環境には、著しい違いがある。

- ロシア中央銀行の金・外貨準備高は、98年時点で80億ドルだったが、現在は3,000億ドル超（36兆円）である点
- 2004年に、原油相場に左右されにくい財政基盤確立のために設けられた安定化基金は、昨年旧ソ連時代のパリクラブへの負債を返済後も増え続け、1,000億ドル（12兆円）を超える水準になっている点
- 国際的な格付機関がロシアに「投資適格」級の格付を与えている点

　このように、マクロ指標等を少し挙げただけでも、98年の状況がもはや比較対象にさえならないほど、ロシアは著しい変化を遂げている。

　さらに、抜本的な税制改正が経済に与えたインパクトも見逃せない。2001年にプーチン大統領が一律13％の個人所得税率（フラット・タックス）を導入した頃から、「裏社会」に潜んでいた金が「表社会」にひょっこり顔を出し始めた。それ以前は、累進課税制度で、最高税率30％がわず

か5,000ドル超から適用になるような税制で、しかも雇用者負担の社会保障税も比較的高かったので、従業員の給与を低めに申告して、実際の給与との差額は裏金で現金払いとしたほうが、労使共にウィン・ウィンという近視眼的状況が、事実上存在した。だが、累進課税制度を廃止し13％で一律に課税するという軽税感を醸し出すような施策を政府が採用した途端に、ロシア人の間に税務申告を選好する空気が生まれたのである。申告所得が増えれば、その分、銀行から借りられる額も増え、車や家、その他の消費者ローンなどオプションも広がっていく。実際、日本や欧米と比べるとまだまだ小さいが、いわゆる信用経済が驚くべきスピードで成長している。この結果、「中産階級」がロシアに生まれ、急速に成長している。戦後の日本の経済発展を振り返ってみると、最大の成功要因が広大な中間層の努力に支えられたものである点は明らかだが、ロシアに中産階級の芽が出て膨らんできている点は、投資家にとってプラス要因といえよう。実際、所得の不平等格差を示すジニ係数等を見ても、ロシアの場合、90年前半の体制転換直後には急増したが、その後は横ばいであり、BRICsの中では最も低い数値、すなわち、所得格差が最も小さい点を示している。

　一方で、これはロシアに限った話ではなく発展途上段階にある国にはよく見られる現象だが、投資ブームがひと段落した時点で、あたかも釣った魚には餌をやらぬがごとく、税務当局が徴税体制を強化することがよくある。例えば、中国の場合もWTO加盟後、国内市場保護主義者たちの声が大きくなり、それに伴うナショナリズムが、外資に対する税務調査体制強化などに形を変えて姿を現しているという。ロシアの場合は、まだ投資ブームの最中にあり、そのような形でナショナリズムは顕在化していないものの、頻繁な法改正の結果、連邦政府と地方政府の法令解釈について温度差があったり、証憑書類要件が厳しく損金否認リスクが高かったり、あ

るいは税の還付申請が一筋縄ではいかないなど、必ずしも薔薇色の話ばかりではない。WTO加盟を間近に控えたロシアだが、市場開放にはこうした陰の側面がある点も投資家は頭の片隅に置いておくべきであろう。

　冒頭のロシアの詩人も述べているように、ロシアは理性では理解することができない。ロシア人にさえわからないのであれば、そもそも我々日本人にわかるはずもない。しかし、だからと言って、未知のものに対する恐怖や歴史的な偏見を前面に出してロシア否定論に走っても、最適な投資判断を行うことはできない。物事には常に光と影がある。むしろ、この詩人の結論のように、ロシアを信じ、陰陽を見極めながら、攻めのコンプライアンス経営を進めていくことが、ロシアにおける成功方程式であることは否めないだろう。

　最後に、執筆に際してお世話になった中央経済社、並びに著者のインタビューを快く受けていただいた「ロシアの達人」の諸氏（島津氏、宗近氏、千葉氏、池田氏、大橋氏）には厚く御礼申し上げたい。これらの方々をはじめとするお世話になった方々全員に心からお礼申し上げたい。

2007年5月

スティーブ・モリヤマ
初夏のモスクワにて

目　次

はじめに

第1章■ロシア鳥瞰図 ……………………………………………… *1*

1 概観 …………………………………………………………… *2*

2 1分でわかるロシアの歴史 ………………………………… *3*

3 連邦構成体 …………………………………………………… *5*

4 政治 …………………………………………………………… *6*

　1　国家元首／*6*

　2　主要閣僚／*6*

　3　議会制度／*6*

　4　外交政策／*7*

5 経済 …………………………………………………………… *7*

　1　日本との貿易／*10*

　2　購買力と所得格差／*10*

　3　ロシアにおける直接外国投資額（単位10億米ドル）／*11*

　4　ロシアの自動車市場／*12*

　5　日本企業の進出状況／*12*

　6　通貨／*13*

6 その他 ………………………………………………………… *13*

　1　教育／*13*

　2　ビザ／*14*

3　モスクワの事業関連コスト／ 14

4　医療機関／ 19

第2章 ■ 会社設立 ———————————— 21

1　概観 ……………………………………………………… 22

2　事業形態の種類 ………………………………………… 22

3　有限責任会社（OOO） ………………………………… 23

　1　概要／ 23

　2　商業登記／ 23

　3　資本金／ 24

　4　会社設立の所要日数／ 24

4　ジョイント・ストック会社（ZAO および OAO） ……… 24

　1　概要／ 24

　2　公開型（OAO）／ 25

　3　非公開型（ZAO）／ 25

5　OOO と ZAO の相違点 ………………………………… 25

　1　証券関連規定の適用有無／ 25

　2　発行可能株式・持分の種類／ 26

　3　総会決議／ 26

　4　株式・持分の売却／ 26

　5　株主（社員）に関する情報／ 27

　6　増資／ 27

6　駐在員事務所 …………………………………………… 27

　1　概要／ 27

2　駐在員事務所の認証（accreditation）手続／28
　　　3　駐在員事務所の納税登録／29
　7　支店 ·· 29
　　　1　概要／29
　　　2　支店と駐在員事務所の相違点／29
　　　3　支店の認証（accreditation）手続／30

第3章■労働許可証とビザ ──────33

　1　概観 ·· 34
　2　取得手続 ·· 34
　3　日本企業のための留意点 ·· 37

現地インタビュー　ロシアの達人① ──────38
　　　　　　　　「知ることは、変わること」

第4章■ビジネス課税制度 ──────49

　1　概観 ·· 50
　　　1　主たる連邦税／50
　　　2　主たる地方税／51
　　　3　主たる市町村税／51
　2　法人税率 ·· 51
　3　内国法人に対する課税 ·· 52

- 4 外国法人に対する課税（PE課税等） …………………… 52
- 5 ロシアの租税条約 …………………………………………… 54
- 6 課税所得の算定 ……………………………………………… 54
  - 1 棚卸資産の評価方法／55
  - 2 キャピタルゲイン／55
  - 3 配当所得／55
  - 4 受取利息／55
  - 5 国外源泉所得／55
- 7 損金の計上基準 ……………………………………………… 56
  - 1 減価償却費／57
  - 2 資産の耐用年数／57
  - 3 繰越欠損金／58
  - 4 支払利息と過少資本税制／58
  - 5 海外関連企業への支払い／58
  - 6 交際費／59
  - 7 研究開発費／59
- 8 連結納税制度 ………………………………………………… 59
- 9 源泉税 ………………………………………………………… 59
- 10 申告と納付 …………………………………………………… 60
  - 1 税務申告／60
  - 2 納付／61
- 11 移転価格税制 ………………………………………………… 61
  - 1 概観／61
  - 2 価格算定方式／62
  - 3 問題点／62

4　税法改正案／63

12　その他の税制 …………………………………………………64

　　　1　物品税／64

　　　2　固定資産税／64

　　　3　輸送車両保有税／65

　　　4　土地税／65

　　　5　その他／66

第5章　税務調査 ───────────────67

1　概観 ……………………………………………………………68

2　税務調査の種類 ………………………………………………68

　　　1　机上調査（準備調査および書面照会による調査）／68

　　　2　実地調査／69

3　更正通知 ………………………………………………………71

　　　1　税務登録の不備・無登録に対する加算税／71

　　　2　不納付加算税および過少申告加算税／71

　　　3　無申告加算税／71

4　税務訴訟 ………………………………………………………71

現地インタビュー　ロシアの達人②──────────73
　　　　　　　　　「ロシアの光と影」

第6章　付加価値税 ───────────────81

1	概観	82
2	課税計算	82
3	課税標準と適用税率	82
4	VAT 登録	83
5	申告と納付	84
6	還付申請	84
7	輸入 VAT の免除	85

第7章 関税と通関制度 ……… 87

1	概観	88
2	関税免除対象品目	88
3	輸出関税	89
4	WTO とロシアの関税	89
5	現物出資と関税免除	90
6	機械設備の輸入と関税免除	91
7	通関制度	91
	1　輸入通関手続／91	
	2　輸入管理制度／92	
	3　保税倉庫／92	

現地インタビュー　ロシアの達人③ ──── 94
「ロシアは感性で理解するべし」

第8章 投資優遇税制 — 99

1. 地方における投資優遇制度 …………………… *100*
2. 特別経済地区 …………………………………… *100*
3. サンクトペテルブルク市・経済特区の投資優遇制度の例… *101*
4. カリーニングラード州経済特区 ………………… *102*

第9章 個人所得税 — 103

1. 概観 ……………………………………………… *104*
2. 所得税額の算定 ………………………………… *104*
   1. 課税所得／*104*
      (1) 給与所得／*104*
      (2) キャピタルゲイン／*105*
      (3) その他の課税所得／*105*
   2. 非課税所得／*105*
   3. 所得控除／*106*
3. 税率 ……………………………………………… *106*
4. 申告と納付 ……………………………………… *107*
5. その他の個人にかかる税制 …………………… *107*
   1. 贈与税ならびに相続税／*107*
   2. 固定資産税／*107*
   3. 輸送車両保有税／*108*

第10章 ■ 社会保障税 — 109

1. 概観 …………………………………………………… 110
2. 適用税率 ……………………………………………… 110
3. 申告と納付 …………………………………………… 111
4. 厚生年金保険 ………………………………………… 111
5. 労働災害補償保険 …………………………………… 111

現地インタビュー　ロシアの達人④ — 112
「好き嫌いは別として尊敬に値する人たち」

第11章 ■ 労働法 — 117

1. 概観 …………………………………………………… 118
2. 雇用契約書 …………………………………………… 118
3. 試用期間 ……………………………………………… 119
4. 最低賃金 ……………………………………………… 119
5. 就業時間 ……………………………………………… 119
6. 有給休暇 ……………………………………………… 120
7. 雇用契約の終了 ……………………………………… 120
8. その他の手当 ………………………………………… 120
9. 祝祭日 ………………………………………………… 121

第12章 会計と監査 ……123

- 1 概観 ……124
- 2 会計基準 ……124
- 3 会計原則 ……125
- 4 法定財務諸表の作成と表示方法 ……125
- 5 勘定科目 ……126
- 6 各会計科目の留意点 ……126
  - 1 貸借対照表／126
  - 2 売掛金／126
  - 3 棚卸資産／127
  - 4 投資勘定／127
  - 5 有形固定資産／128
  - 6 無形固定資産／128
  - 7 法定準備金／129
  - 8 ファイナンス・リース／129
  - 9 事業関連費用／129
  - 10 支払利息／129
  - 11 キャッシュ・フロー計算書／130
  - 12 注記／130
  - 13 連結財務諸表／130
- 7 財務諸表の開示 ……131
- 8 外国法人のロシア支店および駐在員事務所の会計 ……131
- 9 IFRS の適用 ……132
- 10 IFRS とロシア基準の相違点 ……132

1 ロシア会計基準では認識と測定に関する規定がなく、IFRS（IAS）と取り扱いが異なる可能性がある項目／ *132*

2 ロシア会計基準には開示規定がない項目／ *133*

3 ロシア会計基準／IFRSに異なる会計処理の規定がある項目もしくは実務上ロシアで異なる会計処理が行われる可能性のある項目／ *134*

4 ロシアの財務諸表／ *135*

【貸借対照表】／【損益計算書】／【キャッシュ・フロー計算書】／ *135*

11 ロシアにおける監査 …… *145*

1 概要／ *145*

2 法定監査の対象となる企業／ *146*

第13章 ■ 知的財産権 —— *147*

1 概観 …… *148*

2 特許 …… *148*

3 商標権 …… *149*

第14章 ■ 外国為替法 —— *151*

1 概観 …… *152*

2 外国為替取引の種類 …… *152*

1 居住者・非居住者間の取引／ *152*

2 居住者間の取引／ *153*

3 非居住者間による為替取引／ *153*

        3　為替規制 …………………………………………………………………*153*
            1　外国為替取引パスポート（deal passport）／ *153*
            2　国外銀行口座／ *153*
            3　外貨の持ち込み・持ち出し／ *154*
            4　外貨の送金／ *154*
        4　外国為替法の罰則規定 ……………………………………………*154*

> *現地インタビュー　ロシアの達人⑤* ——————————*156*
> 　「大切なのは一度自分のせいにしてみること」

第15章 ■ 金融市場 ——————————————*167*

        1　概観 ………………………………………………………………………*168*
        2　連邦金融庁 ………………………………………………………………*168*
        3　中央銀行 …………………………………………………………………*169*
        4　金融業・銀行業に関する規定 …………………………………………*169*
        5　運用と決済 ………………………………………………………………*170*
        6　保険 ………………………………………………………………………*170*

第16章 ■ 日本企業のためのロシア投資検討課題 —*173*

        Ⅰ　グリーンフィールド生産投資 …………………………………………*174*
        1　概観 ………………………………………………………………………*174*
        2　ステップ・プラン ………………………………………………………*174*

1　計画段階／175
　　　2　準備段階／175
　　　3　建設段階／175
　3　検討課題 …………………………………………………………176
　　　1　ロシアへの機械設備の現物出資／176
　　　2　ロシア現地法人における設備機械の輸入／176
　　　3　出張者と駐在員／177
　　　4　ロシア現地法人のファイナンシング／177
　　　5　創業費と開業費／178
　　　6　経営指導料／178
　　　7　サプライヤーとの契約／179
　　　8　無形資産／179
　　　9　投資優遇制度／179
　　　10　工場新設と買収の比較／180
　　　11　新会社設立の場合の留意点／181
　　　12　土地に関する法律概要／182
Ⅱ　ブラウンフィールド投資 …………………………………………182
1　概観―ロシアのM&A市場 ………………………………………182
2　日本企業のためのロシアM&A …………………………………183
3　企業の実態調査を行う上での5つのポイント ……………184
　　　1　税務上の留意点／184
　　　2　法務上の留意点／186
　　　3　会計上の留意点／187
　　　4　不明瞭取引／187
　　　5　関連会社間取引／188

- 4 ロシアでデューディリジェンスを進める上での3つの留意事項……………………………………………………………………*190*
- 5 案件運営上の留意事項 ……………………………………*190*
- 6 スキームに関する留意事項 ………………………………*191*
- 7 買収価格に関する留意事項 ………………………………*195*
- 8 日本企業のロシアにおける買収例 ………………………*198*
  - 1 目的／*198*
  - 2 投資例／*198*
- 9 日本企業の問題点 …………………………………………*198*
- 10 オフショア持株会社設立のための検討課題 ……………*200*
  - 1 投資ステージごとの考慮ポイント／*201*
    - (1) 出資時点／*201*
    - (2) 配当・利払い時点／*201*
    - (3) 売却時点／*201*
  - 2 国別の考慮ポイント／*201*
    - (1) 持株会社設立国の税制／*201*
    - (2) ロシアの税制／*201*
    - (3) 日本の税制／*202*

おわりに／*203*

◆ *Café Break* ◆

◇取引先を見極めるコツ・*47*

◇レストランでのチップ・*115*

◇タクシーの乗り方・*155*

◇ヨーロッパのオフィスビルの空室率・*171*

【本書利用にあたっての注意点】
　本書の内容は一般的なもので、個別の事例に適用される際は、別途専門家の助言をもとにロシアにおけるプロジェクトの計画を立案、遂行されることをお奨めする。また法令等については、2007年1月時点の各種情報をベースにしている。

【用語に関する留意点】
① 　ジョイント・ストック会社について「株式会社」という訳語を当てているケースも散見されるが、日本でいう株式会社とは異なる点が多いことと在ロシア日系企業でこの形態をとる会社が少ない点から、あえてこの用語を充てた点をご理解いただきたい。
② 　有限責任会社について、「有限会社」という訳語を当てているケースも見られるが、日本の有限会社とは、ニュアンス的に異なる点も多いため、あえて有限責任会社という訳語を充てた。

第1章　ロシア鳥瞰図

1 概　　観

(1) 国　　名

　ロシア連邦（漢字表記：露西亜）。ロシアの国名は、現在のウクライナ、ベラルーシならびにロシア北西部にあった地域の名称「ルーシ」をギリシャ語の発音に基づき「ロシア」と変更したことに由来する。16世紀のイヴァン雷帝の頃から使われ始め、18世紀のピョートル大帝の時に、正式な国名となった。ちなみに、ロシア帝国期以前は、ロシア北西部は「大ロシア」、ウクライナは「小ロシア」、ベラルーシは「白ロシア」と呼ばれていた。

(2) 首　　都

　モスクワ（面積は1,081km²で東京23区の約1.7倍）

(3) 面　　積

　ロシアは17,075,400km²という広大な国土を誇る。これは米国の2倍弱、日本の約45倍に相当し、世界第1位の面積である。

(4) 人　　口

　約1億4,275万人（2006年1月現在）。なお、ソ連崩壊時では約2億9,000万人、93年時点では1億4,860万人であった。ロシアの抱える問題の一つに、人口減があるが、地域差も大きく、モスクワでは人口は増加している。

(5) 人種・民族

　ロシア人が総人口の8割以上を占め、残りはタタール人、ウクライナ人等、200以上の少数民族で構成されている。ちなみに、モスクワの場合、ロシア人が約9割を占めるといわれている。

(6) 公用語

　ロシア語を公用語とするが、100以上の言語が存在する。連邦構成体の

各共和国では、連邦公用語のロシア語以外に、各共和国の公用語を制定することが、憲法上の権利として容認されている。

(7) 宗　教

ロシア正教が優勢であるが、その他、他民族国家を反映してイスラム教、仏教、ユダヤ教などが混在する。

(8) 地　理

ユーラシア大陸の北部に位置し、バルト海沿岸から太平洋沿岸まで東西に伸びる広大な国土を有する。南北にそびえ立つウラル山脈が、開発の進んだ西部ロシアと今後の開発が課題である東部ロシア（シベリア方面等）の境界となっている。西側とシベリアの大部分は広大な平原である。南部にはステップが存在し、北部にはタイガが広がり、さらに北部は樹木の生育しないツンドラ地帯となる。黒海とカスピ海の間の南の国境地域には欧州最高峰のエルブルス山を含むカフカス山脈がひろがる。また、北部の一部は北極圏に入る。

(9) 気候・自然環境

短く涼しい夏と、長くて寒さの厳しい冬を特徴とするが、国土が広いため、地域差が大きい。国土の大部分は太平洋偏西風の影響を受ける。北部は寒帯・亜寒帯気候、南部は亜熱帯気候、それ以外の地域は温帯に属する。特に寒暖の激しいサハ共和国では、7月の平均気温が15度前後に対し、1月はマイナス35度前後と、寒暖差が50度にも達する（ちなみに、サハ共和国のオイミャコンでは1926年にマイナス71.2度を記録したが、この記録は、南極を除くと世界最低気温とされている）。

2　1分でわかるロシアの歴史

ロシア国家の起源は、9世紀のノルマン人による「ルーシ」の建国に始

まる。13世紀には「タタールのくびき」と呼ばれた、モンゴルによる支配を受けたが、やがてモスクワ大公国が台頭し、15世紀のイヴァン雷帝の時にモンゴルのハン一族の支配を脱した。雷帝の死後、動乱の時代を経て、1613年にロマノフ朝が成立する。そして、1682年に即位したピョートル大帝によりロシア帝国の基礎が築かれた。ロシア帝国は、1917年2月の革命により崩壊し、代わって同年10月の革命でレーニン率いるボリシェビキがソヴィエト政権を樹立する。その後周辺諸国を加えて1922年にソヴィエト連邦が成立した。

ソヴィエト連邦は、共産党の一党支配を基盤とする社会主義国家として1960－1980年代には米国と覇権を競うまでになったが、経済・社会は停滞した。このような状況を打開するべく、1980年代後半に登場したゴルバチョフ書記長の指導の下にペレストロイカ（改革）やグラスノスチ（情報公開）政策が進められたが、国内の混乱を招き、共産党支配が揺らぎ始めた。そして、1991年8月の政変を契機として一気に崩壊が始まり、同年12月に1917年以来74年間続いたソ連邦は解体した。

ロシア連邦初代大統領に就任したボリス・エリツィンは、民主化と市場経済への移行のため、さまざまな改革に着手したが、困難を極め、1999年大晦日のテレビ演説で電撃的な辞任を発表した。その後、2000年にウラジーミル・プーチンがロシア連邦第二代大統領に就任し、現在に至るまで「強いロシア」の構築に力を入れている。ちなみに、プーチン大統領の就任時の支持率は52.9%だったが、2004年の二期目の大統領選の時は71.3%に上がった。また、エリツィン大統領時代の政治的混乱の要因となった議会・知事などの地方エリートや政商等を抑え、政治的安定も達成している。

3 連邦構成体

　ロシア連邦は、日本の都道府県に相当する共和国、州、自治管区、自治州、市など、ロシア全土にある86の「連邦構成体」から成る（2007年1月1日に、クラスノヤルク地方とエヴェンキ自治管区、タイミール自治管区が合併したので88から86に減少）。モスクワ市とサンクトペテルブルク市の2つは、それぞれモスクワ州とレニングラード州からは独立した連邦構成体となっている。

　なお、プーチン大統領は、2000年に連邦構成体を統括する、以下のような7つの「連邦管区」を設置し、その後2004年からは、各連邦構成体の首長を直接選挙ではなく、大統領が指名し地方議会が承認する方法に切り替えている（大統領全権代表）。

- 中央連邦管区（本部：モスクワ）
- 北西部連邦管区（本部：サンクトペテルブルク）
- 南部連邦管区（本部：ロストフ）
- 沿ヴォルガ連邦管区（本部：ニジニ・ノブゴロド）
- ウラル連邦管区（本部：エカテリンブルク）
- シベリア連邦管区（本部：クラスノヤルスク）
- 極東連邦管区（本部：ハバロフスク）

　なお、現行のロシア憲法はエリツィン時代に作られたものだが、その中で、各連邦構成体の自治を保障している。共和国は独自の憲法を、その他の連邦構成体は憲章を定めることが認められている。

4 政治

1 国家元首

　大統領とする。大統領の任期は4年、2期まで就任が可能である。現国家元首は2000年に就任したウラジーミル・プーチンである（1952年生まれ）。大統領は、連邦軍の最高司令官を兼務する。大統領の主要な権限として、首相・閣僚の任免権、連邦政府の解散権、議会の召集・解散権、連邦安全保障会議や大統領府の組織に対する権限、軍の最高司令部や外交代表等の任免権などがある。

2 主要閣僚
- 首相：ミハイル・フラトコフ
- 第一副首相：セルゲイ・イワノフ
- 第一副首相：ドミトリ・メドヴェジェフ
- 副首相：アレクサンドル・ジューコフ
- 副首相（官房長官兼務）：セルゲイ・ナルイシュキン
- 財務大臣：アレクセイ・クードリン
- 外務大臣：セルゲイ・ラブロフ
- 経済貿易大臣：ゲルマン・グレフ
- 天然資源担当大臣：ユーリ・トゥルネフ
- 産業エネルギー担当大臣：ヴィクトル・フリステンコ

3 議会制度

　ロシア連邦議会は、連邦院（上院）と国家院（下院）からなる二院制で構成されている。連邦院は定数178議席で、連邦構成主体の行政府および

立法機関の代表各 1 名から構成される。一方、国家院は定数450議席で、任期 4 年と定められている。以前は小選挙区と比例代表制により半数ずつ選出する制度となっていたが、完全比例代表制に移行した。

4　外交政策

　プーチン大統領は「強いロシア」の復活を政策目標に掲げ、外交政策を巧みに用いて、国家権力を強化している。経済外交を重視しており、WTOへの早期加盟が当面の重要課題となっている。

　外交の最優先地域としてはCIS諸国が挙げられるが、グルジア、ウクライナ等親欧米CIS諸国の誕生に対し、天然ガス価格の大幅引上げや供給の停止、経済制裁を行うなどの動きも見られる。

　米国に対しては、2001年の対米同時多発テロ後、協調路線を強化している。また、EU間については貿易額の大幅な増大、2004年 5 月のロシア・EU首脳会談でロシアのWTO加盟が合意されるなど、経済・貿易面で発展が見られる。

　アジア諸国については、2005年 8 月、中国と初の中露共同軍事演習を実施、2005年10月には印露共同軍事演習を実施、また、2006年 7 月には初の中印露首脳会談を開催するなど、関係強化の動きが見られる。

　日本との関係については、近年経済・貿易面を中心に発展が見られ、2004年から2005年にかけて日本経団連、商工会議所等の大型経済ミッションがロシアを訪問したほか、民間レベルの経済交流が活発に行われている。

5　経　　済

　1998年に通貨危機に見舞われたが1999年以降、ルーブルの切下げによる国内産業の復調と石油価格の高騰を主な原動力として経済は回復し、 8 年

連続でプラス成長を続けている。2006年の実質GDP成長率は6.7％で、2005年の6.4％を上回る高成長を記録した。当面は5－6％の経済成長が続くとみられている。また、金融セクターは10％超の高成長率を続けている。特に2000年以降、個人消費を中心とする成長パターンを続けている。個人消費ならびに個人の可処分所得については、これから4、5年にわたって年平均13％程度で成長すると言われている。

【ロシアの主要経済指標の推移】

	2003年	2004年	2005年	2006年
実質GDP成長率	7.3％	7.2％	6.4％	6.7％
消費者物価指数上昇率	12.0％	11.7％	10.9％	9.0％
鉱工業生産指数上昇率	7.0％	6.0％	4.0％	3.9％
設備投資額上昇率	12.5％	10.9％	10.5％	12.5％
失業率	8.9％	8.5％	7.7％	6.9％
外貨・金準備（年末・億ドル）	732	1,208	1,759	3,037

出典：ロシア中央銀行、ロシア国家統計局、エコノミストIU

　ロシア中央銀行の外貨および金の準備高は2007年4月時点で約3,460億ドルとなっている。これは1998年時点でわずか80億ドルだったのと比較すると、実に40倍以上である（ちなみに、外貨準備高の運用通貨として、ドル、ユーロ、ポンドに続き、日本円も採用された）。

　また、2004年に原油価格に経済が左右されることをヘッジする目的で設立された安定化基金（原油関連の収益を積み立てる）の残高も著しいスピードで伸びている。昨年の夏にパリクラブ（主要債権国会議）に対する216億ドルの債務を前倒しで返済した直後は600億ドル程度だったが、2007年の年始には約1,000億ドル（約12兆円）に増え、その後も増え続けてお

り、今後の使い道について議論されている。

　なお、ロシア政府は石油やガス等の資源依存構造から脱却して産業を多様化し、経済を安定した成長軌道に乗せるべく、経済構造の抜本的改革をめざしている。

【ロシアと欧州諸国の経済成長率】

実質GDP成長率

	*2007	*2006	2005	2004
トルコ	6.48	7.10	7.38	8.90
ロシア	6.50	6.70	6.40	7.20
ポーランド	4.55	4.95	3.24	5.40
チェコ	4.49	5.70	5.95	4.40
アイルランド	4.16	4.86	4.70	4.50
ギリシャ	3.31	4.00	3.70	4.70
スウェーデン	3.30	4.59	2.70	3.10
フィンランド	3.21	4.13	2.10	3.50
ハンガリー	2.90	4.01	4.14	4.60
スペイン	2.82	3.65	3.40	3.10
ベルギー	2.51	2.98	1.20	2.70
デンマーク	2.39	3.00	3.10	2.10
オランダ	2.20	2.85	1.10	1.70
フランス	2.20	2.05	1.50	2.10
スイス	2.12	2.89	1.90	2.10
オーストリア	2.04	3.57	1.90	2.40
英国	1.95	2.43	1.80	3.20
イタリア	1.49	1.64	0.00	1.00
ドイツ	1.33	2.46	0.90	1.60
ポルトガル	1.32	0.90	0.30	1.20

*予想値

出典：ULI、PwC、Citi

1　日本との貿易

　日露間の貿易高は2006年に137億ドルを超えた（輸出71億ドル、輸入66億ドル）。主要貿易品目は、日本からロシアへの輸出では１）自動車（68%）、２）一般機械（建設用機械等）12%、３）電気機器（通信機等）８%となっている。逆にロシアから日本への輸入では、１）鉱物燃料（石油・石炭等）33%、２）鉄鋼・非鉄金属製品31%、３）食料品（魚介類等）12%となっている。

　なお、日露間のビジネス環境の整備、貿易投資活動の促進のため、日露貿易投資促進機構が設立されている。同機構の具体的な活動内容としては、投資活動に必要な情報提供、ビジネスマッチングや諸手続のサポート、紛争処理支援などが行われている。

2　購買力と所得格差

　PwCの調べでは、2050年の国民１人当たりのGDPは、下記の２つの尺度で測定した場合、ロシアがBRICsの中で最も高い数値を示している。また、現時点でも所得の不平等格差を示すジニ係数は、ロシアの場合、90年前半の体制転換直後には急増したが、その後は横ばいであり、BRICs

国　　名	国民１人当たりのGDP（市場為替レートで算定）		国民１人当たりのGDP（PPP購買力平価で算定）	
	2005年	2050年	2005年	2050年
米国	40,339	88,443	40,339	88,443
カナダ	31,466	75,425	31,874	75,425
英国	36,675	75,855	31,489	75,855
オーストラリア	32,364	74,000	31,109	74,000
日本	36,686	70,646	30,081	70,646

フランス	33,978	74,685	29,674	74,685
ドイツ	33,457	68,261	28,770	68,261
イタリア	29,455	66,165	28,576	66,165
スペイン	23,982	66,552	25,283	66,552
韓国	15,154	66,489	21,434	66,489
ロシア	4,383	41,876	10,358	43,586
メキシコ	6,673	42,879	9,939	42,879
ブラジル	3,415	26,924	8,311	34,448
トルコ	4,369	35,861	7,920	35,861
中国	1,664	23,534	6,949	35,851
インドネシア	1,249	23,097	3,702	23,686
インド	674	12,773	3,224	21,872

(資料：プライスウォーターハウスクーパース)

の中では最も低い数値となっている（すなわち、所得格差が最も小さい）。

3　ロシアにおける直接外国投資額（単位10億米ドル）

　近年、ロシアにおける外国直接投資（FDI）は大幅に増加しており、ロシアのビジネス環境および経済成長に大きく寄与している。国内市場の急速な拡大、豊富な天然資源、政治的安定などが外国直接投資の増加を牽引している。エネルギー関連や自動車業界など、特定の産業が外国直接投資を魅きつけているが、国内では消費社会の急速な発達に伴い小売関連業の成長が顕著である。

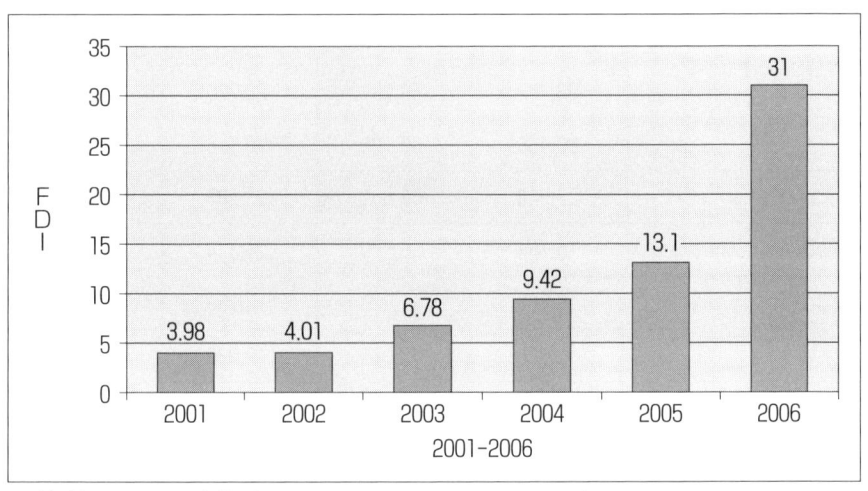

(資料：ロシア国家統計局、ロイター、エコノミスト IU)

4　ロシアの自動車市場

	市場シェア（台数）	市場シェア（金額）	平均価格（ドル）
ロシア車	38%	18%	7,250
外国車（ただし、国産・国内組立）	14%	14%	15,714
輸入車	35%	57%	25,277
中古外国車	13%	11%	13,846

(資料：ACM ホールディング、ABARUS)

5　日本企業の進出状況

　2007年4月末時点でのモスクワ日本商工会への登録企業は約159社。このうち約70%の日系企業が駐在員事務所形態で事業を行っているが、ロシア市場の拡大に伴い既存の駐在員事務所を現地法人化する日系企業が多く

見うけられる。モスクワに拠点を有する企業が圧倒的だが、トヨタ自動車や日産自動車をはじめとする自動車関連企業のサンクトペテルブルク地方への進出が相次いでいる。

6　通　貨

　通貨単位はルーブルである。2006年7月に為替取引は自由化された。みずほコーポレート銀行の本多秀俊氏によると、ルーブルの特徴は、4つに大別できる。1）新興市場通貨、2）商品・資源通貨（原油価格と強い相関関係）、3）高金利通貨（政策金利10.5％）、4）管理通貨（物価調整目的で、ロシア中銀の誘導目標に左右される為替レート）

　なお、現在は輸入国だが、将来輸出国に転じた場合は、ルーブル安を誘導するかもしれない。また、2010年前後から、ルーブル安や値幅が広がる可能性があるが、それまではルーブル高が続くと予想されている（前出：本多氏）。

6　その他

1　教　育

　教育制度は4・5・2制で、このうち9学年までが義務教育となる。学年は1学年から11学年までの通算で呼ばれる。学校によっては飛び級を設けているところもある。

　旧ソ連時代には初等・中等教育では、個人よりも国家を優先させる思想的教育が行われていたが、1996年1月に新教育法が制定され、教育の範囲が教養や学習に限定され、個性を生かした育成に力を注いでいる。

　なお、モスクワにはモスクワ日本人学校がある。生徒数は100名程度。
　◆モスクワ日本人学校　Leninsky Prospect 78A

電話：＋7－045－131－8733　サイト：http://www.mosnichi.com/

2　ビザ

ロシアへの入国に際し、日本人は事前にビザを取得しなければならない。ビザの取得には、在日ロシア大使館領事部もしくは総領事館（札幌、函館、大阪、新潟）で申請を行う必要がある。

ビザの種類としては、観光ビザ、就労ビザ、通過ビザ、公用ビザなどがあり、入国回数については、シングル・エントリービザ、ダブル・エントリービザ、マルチプル・エントリービザがある。

◆在日ロシア連邦大使館領事部

住所　106－0041東京都港区麻布台2－1－1

電話　03－3583－4445

大使館　http://www.embassy-avenue.jp/russia/index-j.htm

領事部　http://www.rusconsul.jp/hp/jp/news.html

3　モスクワの事業関連コスト

モスクワにおける投資関連コストについて、JETROモスクワ事務所が調査を行っている。下記の情報は2006年1月の調査時のものである。

＊ロシア（調査都市：モスクワ）、1米ドル＝28.474ルーブル、1ユーロ＝34.3539ルーブルで換算

ただし、一部の数値については著者が独自にアップデートを試みた（セ・ジャンナ氏に協力依頼）。2007年の情報については斜体で表示している。

☆1米ドル＝25.900ルーブル、1ユーロ＝34.836ルーブルで換算（2007年5月25日・中央銀行レート）。

		米ドル	ユーロ	現地通貨ルーブル	備考
賃金	1．ワーカー（月額：一般工）	700〜1,800	580〜1,492	19,932〜51,253	出所：Meteor Consulting「Salary Survey Report」2006年第1号 外資系企業。 個人所得税(13%)含む
	2．エンジニア（月額：中堅技術者）	1,400〜3,500	1,146〜2,901	39,364〜99,659	出所：Meteor Consulting「Salary Survey Report」2006年第1号 主任給電技師。外資系企業。 個人所得税(13%)含む
	3．中間管理職（月額：課長クラス）	3,500〜12,000	2,901〜9,946	99,659〜341,688	出所：Meteor Consulting「Salary Survey Report」2006年第1号 管理部長。外資系企業。 個人所得税(13%)含む
	4．法定最低賃金	39	32	1,100	2006年5月1日以降
	5．賞与支給額（固定賞与＋変動賞与）	colspan="3"	N.A.	業種、業態、個別企業に応じて異なる
	6．社会保障負担率	colspan="3"	雇用者負担率26.0% 雇用者負担率の内訳 ・年金基金20.0% ・社会保障基金3.2% ・医療保険(連邦基金)0.8% ・医療保険(地方基金)2.0% 被雇用者負担率0%	2005年9月1日以降(*筆者加筆：26%は10章で述べたように所得のうち28万ルーブルまでに適用される税率。逆進課税制度のため実効税率がわかりにくいが、1,000万程度の年収で6%程度である)

	7. 名目賃金上昇率	2003年：26.1% 2004年：22.6% 2005年：23.6%			出所：ロシア連邦国家統計局「ロシア統計年鑑」2005年、「ロシア社会経済統計月報」2005年12月 ロシア全体
地価・事務所賃貸料等	8. 工業団地(土地)購入価格（㎡当たり）		N.A.		現在、企業が立地する国公有地を私有化し、売買・賃借するための手続に関する連邦法案が2007年中を目途に検討されている。
	9. 工業団地借料（月額）（㎡当たり）	7.00～10	5.80～8.29	199～285	出所：モスクワ州フリャジノ市土地委員会から聴取
	10. 事務所賃料（月額）（㎡当たり）	43～63	35～52	1,218～1,803	出所：Knight Frank「Market of Commercial Estate」2005年3季号 付加価値税(18%)含む、管理費除く
	11. 駐在員用住宅借上料(月額)	3,000～8,000	2,487～6,631	85,422～227,792	出所：Penny Lane Realty 100～130㎡ 付加価値税(18%)含む
通信費	12. 電話架設料	206.7	278	7,200	出所：MGTS 付加価値税(18%)含む
	13. 電話利用料	5.75	7.72	200	同上 月額基本料（1分当たりの市内通話料：なし）
	14. 国際通話料金（日本向け3分間）	2.5	3.36	87	出所：Rostelecom, MTT 付加価値税(18%)含む

	15. 携帯電話加入料	N.A.			出所：MTS 「Profit 300 Federal」サービス料金
	16. 携帯電話基本通話料	0.07	0.09	2.41	出所：MTS, Beeline, Megafon 月額基本料なし、1分当たりの通話料 付加価値税(18%)含む
	17. インターネット接続料金（ブロードバンド）	45.14 45	33.56 33.44	1,169 1,165	出所：Comstar Direct 上段：架設料、下段：月定額平均 付加価値税(18%)含む
水道料金	18. 産業用水道料金	0.69	0.51	17.90	出所：モスクワ市(法令No. 907-PP、21.11.2006) 1㎡当たりの料金(月額基本料：なし) 付加価値税(18%)含む
	19. 一般用水道料金	2.52 8.49	1.87 6.30	65.04 219.8	出所：モスクワ市(法令No. 907-PP、21.11.2006) 上段：給水、下段：給湯 1人当たり月定額料金 メーターのない家庭に適用 付加価値税(18%)含む
ガス料金	20. 産業用ガス料金	0.04	0.03	1.10	出所：連邦料金局 1㎡当たりの料金(月額基本料：なし) 付加価値税(18%)含む

	21.一般用ガス料金	0.61	0.46	15.9	出所:モスクワ市エネルギー委員会(法令No.53、20.12.2006) 1人当たり月額料金 ガスオーブン付き、地域給湯される家庭の場合 付加価値税(18%)含む
		0.82	0.01	21.25	平均
地価・事務所賃貸料等	22.コンテナ輸送(40フィートコンテナ換算)				
	① 対日輸出:(サンクトペテルブルク港→横浜港)	2,000	1,658	56,948	出所:近鉄エクスプレス 陸上輸送コスト除く。 付加価値税(18%)含む
	② 第3国輸出:(サンクトペテルブルク)港→プレーマーハーフェン港(ドイツ)	905	750	25,765	同上
	③ 対日輸入:横浜港→(サンクトペテルブルク)港	3,500	2,901	99,659	同上
	23.レギュラーガソリン価格(1リットル)	0.70 0.66	0.58 0.55	20 19	出所:BP 上段:オクタン価98、下段:オクタン価95

車両	24. 軽油価格（１リットル）	0.59	0.49	17	出所：同上
	25. 乗用車購入価格	13,270	10,999	377,850	出所：ロシア・フォード 車種：フォード・フォーカス 1.6 L / 100 PS MT 基本仕様。 付加価値税（18％）含む
	26. 大型乗用車購入価格	57,429	47,600	1,635,246	出所：Panavto 車種：メルセデス・ベンツ E 240 基本仕様。 付加価値税（18％）含む

4　医療機関

　在モスクワの日本大使館には健康相談室があり、日本人医師が簡単な診療を行う。事前に予約が必要。

(1)　**在ロシア日本国大使館医療相談室**

　Grokholsky pereulok 27, 129090, Moscow

　Tel：＋7 (495) 202 - 3853

　Fax：＋7 (495) 234 - 9065、229 - 2556

　Email：imukan1@japan.orc.ru

　以下は、欧米系の英語が通じる会員制の病院である。

(2)　**アメリカン・メディカル・センター**

　26, build. 6, Prospect Mira

　Tel：＋7 (495) 933 - 7700

　Metro：Prospect Mira

Website　http://www.amcenter.ru/en/
（24時間サービス）

(3)　ヨーロピアン・メディカル・センター

5, building 1, Spiridonevsky pereulok

Metro：Pushkinskaya or Mayakovskaya

Tel：＋7(495)933－6655

Fax：＋7(495)933－6650

Website　http://www.emcmos.ru/

（アメリカンよりも小さいが、こちらも24時間サービスを提供。医者はフランス人とロシア人が多いが、英語を話す）

〔出所〕：駐日ロシア連邦大使館、ジェトロ、外務省、エコノミスト

第 2 章　会社設立

1　概　　観

　外国企業が設立する会社形態としては、有限責任会社（OOO）もしくは支店が一般的である。他方、既存のロシア企業に資本参加をする場合にはジョイント・ストック会社形態（ZAO）を利用することが多い。
　なお、ロシア商工会に登録している日本企業（2007年4月末時点で159社）の過半数以上は、駐在員事務所である。また、さまざまな理由で、現地法人（OOO）を立ち上げながら、駐在員事務所を併用している会社も見うけられる。

2　事業形態の種類

　ロシア会社法において規定されている主たる事業体として、以下が挙げられる。
　① 有限責任会社（OOO）
　② ジョイント・ストック会社（ZAO および OAO）
　③ 駐在員事務所
　④ 支店
　⑤ 合名会社
　⑥ 合資会社
　⑦ その他

3　有限責任会社（OOO）

1　概　　要

　ロシアの有限責任会社における社員（出資者）の責任は、出資額を限度としている。一般的に、外国企業が、ロシアに単独投資（100％現地法人の設立）する場合は、この形態が適当であろう。

　ただし、少数株主に有利な規定があるため（出資者はいつでも出資権の買い取りを会社に対して要請できる）、現地の会社との合弁等でこの形態を用いる際には、細心の注意が必要である。

2　商業登記

　2002年7月1日より、外国企業の商業登記手続を、所轄の税務署が担当することになった。

　また、2004年1月1日より登記申請先が一元化された。原則として、登記に必要な書類を税務署に提出すれば、後は税務署が責任をもって社会保険庁（3種類の社会保障基金：年金・医療・社会保険）などにも必要書類を転送してくれることになった（ただし、サンクトペテルブルク等はまだ一本化されていない）。

　以下、商業登記に必要な主たる書類を列挙する。なお、それぞれ公証人証明とアポスティーユ証明が必要となる（日本の公文書はアポスティーユ証明のみを要する）

① 外国本社の定款
② 外国本社の本国での商業登記簿謄本
③ 外国本社の取引金融機関からの推薦状

④　ロシア現地法人設立に関する外国本社取締役会決議書
　⑤　外国本社の本国での納税証明書
　⑥　事務所の賃貸契約書
　⑦　第三者に設立手続を委任する場合はその委任状
　⑧　その他

　なお、公証人や当局による予期せぬ紛失等に備えるため、2部ずつ用意しておいたほうが無難であろう。

3　資本金

　有限責任会社の資本金は、法定月額最低賃金の100倍以上（1万ルーブル）と規定されている。また、社員（出資者）数は50名以下でなければならない。

4　会社設立の所要日数

　有限責任会社の設立には、必要書類を税務当局に提出し、さらに50％以上の資本金払込完了時点から数えて、通常3－4週間を要する（申請書類準備段階からは2か月程度）。

4　ジョイント・ストック会社（ZAOおよびOAO）

1　概　要

　有限責任会社同様、出資者（株主）の責任が出資額を限度とする会社形態ではあるが、ロシアでは、ジョイント・ストック会社の発行する株式のみが「証券」とみなされ、証券取引委員会における登録が必要となる（証券取引法の規制を受ける）。

非公開型（ZAO）は、合弁事業の管理運営に適している。また、ロシアにおける上場を将来の可能性として残しておきたい場合も、下述のOAOに形態変更しやすいため、ZAOが適当であろう。

なお、2008年からは、公開型・非公開型の分類は廃止される予定である。

ジョイント・ストック会社には、公開型（OAO）と非公開型（ZAO）の2種類の形態があり、それぞれ次のような特徴を有する。

2　公開型（OAO）
① 株式譲渡の制限は、原則としてなし。
② 株主数の制限はなし。
③ 最低資本金は、法定月額最低賃金の1,000倍（10万ルーブル）。
④ 上場企業として、財務情報等について所定の開示義務がある。

3　非公開型（ZAO）
① 株式を譲渡する場合は、既存株主に先取権を与えなければならない。
② 株主数は最大50名までに制限されている。
③ 最低資本金は、法定月額最低賃金の100倍（1万ルーブル）。
④ 財務諸表等の開示義務はない。

5　OOOとZAOの相違点

先述のOOO（有限責任会社）とZAO（非公開型ジョイント・ストック会社）は類似点が多いが、以下の違いについては注意を要する。

1　証券関連規定の適用有無
(1) ZAOの株式は「証券」であり、証券取引委員会における登録が必要

(通常、1－2か月を要する)。
⑵　ZAOの増資には0.3％の証券税がかかる。
⑶　一方、OOOの出資権は証券とはみなされず、当該規定の対象外。

2　発行可能株式・持分の種類
⑴　ZAOの場合、普通株式と優先株式を発行できる。
⑵　OOOの場合は、原則として普通株式に相当する持分のみ（ただし、社員間の議決権等の差異については、株主間で決められる）。

3　総会決議
⑴　ZAOの場合、原則として、51％以上の株主が出席する株主総会において、過半数もしくは75％以上の賛成で決議できる。また、一つの例外を除いて、ZAOにおいて全会一致決議を要する決議事項はない。
⑵　OOOの場合、原則として、社員総会出席者の過半数・75％以上・全会一致のいずれかの方法で決議される（ZAOと異なり、51％以上の社員が総会に出席している必要はない）。

4　株式・持分の売却
⑴　ZAOの株主は、既存株主もしくは第三者に対して株式を売却できる。
⑵　OOOの社員（出資者）は、持分の売却に加え、いつでも会社に対して持分の買い取りを要請できる。この場合、会社の純資産額の出資割合相当分が譲渡価額となる。
⑶　なお、OOOの場合、定款において、第三者に対する持分譲渡を制限することができる（第三者売却に制限を設けるかわりに、会社が持分を買い取ることになる）。

5　株主（社員）に関する情報

⑴　ZAO の場合、証券取引所登録内容に株主名簿を含めなければならない。

⑵　OOO の場合、上述証券取引法の遵守は不要だが、登記を要する設立関連書類（定款および設立合意書）に全社員（出資者）の氏名を記載しなければならない。

6　増　　資

⑴　OOO と ZAO では増資の方法が異なる。

⑵　端的に言って、OOO の増資のほうが、費用や時間面などを含めて、はるかに手続が容易である。

⑥　駐在員事務所

1　概　　要

　ロシアの法令でも、他の欧州諸国と同様に、駐在員事務所の活動は、原則として補助的・準備的な活動に限定されている。

　しかし、実際は支店や現地法人でのみ行うことができるとされる活動を行っている外国企業の駐在員事務所が少なからず存在しているのが実情である。これは過去にロシアでは外国企業が支店を開設することが困難だったことに起因すると言われているが、これらの事務所は支店登録をせずに、税務登録と納税のみを行って、商業活動を行っている。現時点でこれらの（課税）駐在員事務所が当局（国家登記所等）から何らかの指摘を受けた事例は少ないが、法律上は支店登録をするのが筋である。このため、当該駐在員事務所の認証が否認されたり、本店に対し罰科金が課されるなどのリスクが内在している点を指摘しておく。

2 駐在員事務所の認証（accreditation）手続

　駐在員事務所開設には関連当局（通常はロシア商工会議所か国家登記所）における認証手続が必要になる。認証にかかる公的費用は認証期間によって異なる（最高3年で延長可能。費用は1年間の場合、1,000ドルで3年間の場合2,500ドル）。

　駐在員事務所の開設手続は以下の通りである。

ステップ1	本店における駐在員事務所開設に関する取締役会決議

⬇

ステップ2	国家登記所またはロシア商工会議所における認証手続

⬇

ステップ3	地方当局での登録（税務署、年金基金、統計局など）

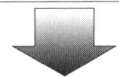

⬇

ステップ4	銀行口座の開設

　以下、駐在員事務所の認証手続に必要な主たる書類を列挙する。なお、それぞれ公証人証明とアポスティーユ証明が必要となる（日本の公文書はアポスティーユ証明のみを要する）。

① 外国本店の定款
② 外国本店の商業登記簿謄本
③ 外国本店の納税証明
④ 金融機関からの推薦状
⑤ 本店取締役会の議事録（駐在員事務所開設決議が記載されたもの）
⑥ 事務所の賃貸契約書（または大家の土地登記簿謄本）

⑦　第三者に設立手続を委任する場合はその委任状
⑧　その他

3　駐在員事務所の納税登録

　上述の駐在員事務所の認証手続の後、管轄税務署への登録が必要となる。それは「納税登録証」と呼ばれる4頁の申請書に外国本店に関する以下の事項を記入の上、当局に提出を要する。
①　社会保険番号
②　雇用者番号
③　VAT番号
④　銀行口座番号
⑤　会社情報（登記上の住所）
⑥　監査人の名前と住所

　上述の認証手続と納税登録をはじめとする各種登録を経て銀行口座の開設が可能となり、事務所開設完了に至る。

7　支　　　店

1　概　　　要

　1991年の外国投資家に関する法令改正により外国企業は支店を通じてロシアで事業活動を行うことが可能になり、昨今では、支店形態を用いる外国企業も増えている（それ以前は支店に対する法令が未整備であったため、支店を用いる外国企業はほとんどなかった）。

2　支店と駐在員事務所の相違点

　駐在員事務所は法人格を有さないが、正式な外国企業の出先機関として

認知される。また、ロシアの法令では駐在員事務所の活動は、原則として補助的・準備的な活動に限定される。

他方、支店も法人格を持たないが、ロシアにおけるステータスは駐在員事務所のものとは異なり、ロシアの法令上、ロシアで事業活動を行う外国企業として取り扱われる。したがって、駐在員事務所では認められないライセンスの取得も支店においては可能となる（ただし、法人でなければ認められないライセンスもある）。

3 支店の認証（accreditation）手続

1999年12月31日施行の外国投資家に関する連邦法に基づき、国家登記所は支店の認証手続に関する手引書を発行し、ロシアで事業活動を行う外国企業の認証を義務づけるとともに認証期間を最大で5年間と設定した（ただし、この認証期間について国家登記所へ延長申請が可能）。

支店の認証にかかる公的費用は認証期間によって異なる（最高5年で延長可能。費用は、1年間の場合500ドル、5年間の場合2,000ドル）。

支店の開設手続は以下の通りである。

ステップ1	本店における支店開設に関する取締役会決議
ステップ2	国家登記所への支店の認証手続
ステップ3	地方当局に対する申請（該当地方の法令に基づく）
ステップ4	各種当局への登録（税務署、年金基金、統計局など）
ステップ5	銀行口座の開設

　以下、支店の開設に必要な主たる書類を列挙する。なお、それぞれ公証人証明とアポスティーユ証明が必要となる（日本の公文書はアポスティーユ証明のみを要する）。

① 外国本店の定款
② 外国本店の商業登記簿謄本
③ 外国本店の納税証明
④ 金融機関からの推薦状
⑤ 本店取締役会における議事録（支店開設の決議が記載されたもの）
⑥ 事務所の賃貸契約書（もしくは大家の土地登記簿謄本）
⑦ 第三者に設立手続を委任する場合はその委任状
⑧ 支店長に対する委任状
⑨ その他

第3章　労働許可証とビザ

1　概　　観

ロシアで働くすべての外国人は、原則として、就労前に労働許可証を入手する必要がある。労働許可証を取得せずにロシアで就労することは認められていない。

なお、労働許可証の申請の前に雇用者（ロシア法人もしくは外国法人のロシア支店）は雇用許可証の申請が必要となる。

2　取得手続

労働許可証は、雇用許可証をもつ雇用者が申請し、ロシア内務省地方当局から雇用者宛に発行される。労働許可証等の取得にあたっては、以下の手続を要する。

ステップ1：外国人雇用に関する仮申請

雇用者は、以下の書類を添えて所轄の地方労働当局に仮申請を行う。
① 地方労働当局宛の申請書（外国人従業員の職務内容、就労場所、就労期間、給与レベル等の情報を記す）
② 外国人従業員のパスポートの写し
③ 外国人雇用の理由としてロシア人による代替が不能な点を立証する書類
④ ロシア現地法人の社長（ゼネラル・ディレクター）任命についての株主総会決議書等
⑤ 第三者に申請手続を委任する場合はその委任状

⑥　その他

> ステップ2：地方労働当局における面接

　地方労働当局の局長との面接（委任状をもって、コンサルタント等により代行できるため、必ずしも申請者が直接出向く必要はない）

> ステップ3：雇用許可証の申請

　上述ステップ1にて仮申請が認められた場合、雇用者は連邦労働当局に対して、以下の書類を添えて雇用許可証を申請する。

① 　連邦労働当局宛の申請書
② 　ステップ1の仮申請に対する当局からの確認書
③ 　現地法人の会社定款（公証人証明付3部用意）
④ 　現地法人の国家登録証明書（公証人証明付3部用意）
⑤ 　現地法人の納税登録証明書（公証人証明付3部用意）
⑥ 　現地法人の統計局における登録証明書（公証人証明付3部）
⑦ 　現地法人社長（ゼネラル・ディレクター）の任命についての株主総会決議書等およびパスポートのコピー（本人署名付3部用意）
⑧ 　外国人従業員全員のロシアにおける職務内容
⑨ 　外国人従業員全員の雇用契約書（ドラフト可：社長署名のものを3部ずつ用意）
⑩ 　連邦当局への申請料（1人当たり3,000ルーブル：ロシアの銀行口座から振り込む必要あり）

ステップ4：労働許可証の申請

① 地方労働当局宛の申請書
② 外国人従業員のパスポートサイズの写真（カラー・絹目）
③ 外国人従業員の健康診断書（HIV検査等の結果を含む診断書：3か月間有効）
④ 外国人従業員の卒業証明書の写し（公証人証明およびアポスティーユ付）
⑤ 上述ステップ3の雇用許可証
⑥ 外国人従業員の帰国関連費用をロシア現地法人が保証する確認書（法令違反等による強制送還時のケースも含めて）
⑦ 申請料（1人当たり1,000ルーブル：ロシアの銀行口座からの振込み要）

ステップ5：雇用者登録（新会社設立の場合のみ）

管轄の労働当局にて雇用者登録が必要。申請後、労働当局による実地調査が入ることもある。

ステップ6：招待状の用意とシングル・エントリービザの申請

管轄の労働当局に対し、以下の書類を添えて申請する。通常、取得まで30日を要する。
① 申請書
② 申請料（200ルーブル：ロシアの銀行口座から振込み要）
③ 雇用者による保証書（会社が出向者のロシア赴任期間中、住居等の

サポートを行う旨を保証したもの）

招待状（3か月有効）を取得後、日本等のロシア大使館にてシングル・エントリー就労ビザを取得する。

> ステップ7：就労ビザの申請

シングル・エントリー就労ビザでロシア入国後、各外国人従業員はマルチプル・エントリー就労ビザに切替えの申請を行う。通常、労働許可証の有効期限と同じ期限のマルチプル・エントリー就労ビザが発行される。

3　日本企業のための留意点

上述の手続について、以下のような留意点が挙げられる。

(1) 駐在員事務所や支店で勤務する外国人とロシア現地法人で雇う外国人に要請される手続は若干異なるため留意が必要。
(2) 労働許可証は、取得後1年間有効であり、毎年の更新手続が必要である（更新ごとに、先述のようなHIV検査等の手続が必要）。
(3) 労働許可証取得にかかる日数は、上述ステップ1の仮申請時点から数えて、およそ3－5か月程度かかる。このため、前倒しで必要書類を準備し、申請を開始することが肝要である。

なお、当該規則の詳細は頻繁に変更されるため、適宜、専門家に相談されることをお勧めする。

現地インタビュー
【ロシアの達人①】
「知ることは、変わること」

島津嘉彦氏（住友商事株式会社常務執行役員・CIS支配人兼モスクワ事務所長）にインタビュー

著　者　島津さんは、ベテラン商社マンとして中近東をはじめ、難易度の高いマーケットで長年ご活躍されてきたわけですが、ロシアとの関わりはいつ頃に遡るのでしょうか？

島　津　「お前、ロシアやれ」と言われたのは90年頃でしたから、17年目に入りました。ちょうどゴルバチェフ体制の最後でしたから、何もかもぐしゃぐしゃの時で、手探りの状態でした。激動の時代にはつきもののしんどい部分もありましたが、日々新しい発見の連続で、結果的に面白い経験をさせてもらいました。

著　者　なるほど、世界的に見ても激動の年にロシアのご担当になられたわけですね。90年といえば、東西ドイツが統合し、それまでご専門だった中東ではイラクのクウェート侵攻が起きた頃ですね。そんな時代の大きなうねりの中で、ロシアの地で感じられたことは何でしょうか？

島　津　1991年末のソ連崩壊の時のあの国の独特の雰囲気でしょうね。経済的な混乱はあったのですが、特に大きな革命もなく、大国ソ連が目の前で消えていったのです。「一つの国家が消えるのはこういうものなのか……」と複雑な感慨にとらわれました。その時の印象は、コトバでは言い尽くせないのですが、今でも鮮明に覚えています。共産主義から民主主義へ、計画経済から市場経済へと一夜にして移行したわけですが、感覚的には、人々はあっさり昨

日までの自分と決別し、コロッと変わった印象を受けました。

著者　養老孟司氏の本に「知るということは、根本的に癌告知と同じだ」とありました。後半年の命と宣告された途端に、庭の桜の木がまったく違って見えてくる。今までの自分と決別し、新しい自分に変わる。それが、「知ることは変わること」と養老氏は喝破していましたが、ロシア人もソ連崩壊というパラダイム・シフトのなか、根本から変わったわけですね。

島津　ええ、ある意味で、一夜にして軍国主義から民主主義に変わった終戦時の日本と似ている部分があるかもしれません。ところで、当時、ロシアビジネスを担当していたのは、いわゆる「ソ連スペシャリスト」ばかりで、彼らに聞いても「ソ連時代はこうだった」という過去形の話ばかりでした。誰も今後どうなっていくのかを明確に説明できる人がいなかったのです。良し悪しは別にして、市場経済の経験値が少ないため、先行きが読めなかったのでしょう。私の方は、ロシアの経験は無きに等しい状態でしたが、さまざまな市場経済下での、それまでのビジネス経験に基づいて、徒手空拳で進んでいくしか術がありませんでした。

著者　なるほど。そんな中で、ご自身は具体的にどうやってロシア企業とビジネスを始められたのでしょうか？

島津　私の仕事は通信機器の輸出でして、当時、運よく、ロステレコムに挺入れしていたデンマークの国営電話会社との契約がとれました。経験値が低かったので、ロシアの会社との直接のビジネスには躊躇しましたが、デンマークの国営企業が導入役をやってくれたので、安心してビジネスを始められたのです。彼らに商品を供給し、彼らがロステレコムに卸す、という形態で始めたのですが、その後、彼らの民営化に伴う撤退を機に、直接ロステレコムと商売を始めました。その頃には、相手のこともある程度わかっていましたし、独占企業だったので、キャッシュ・フロー上の問題も

ないことはわかっておりましたので。

著者　なるほど、ロシアビジネスの師匠に恵まれたわけですね。ところで、ロシアでビジネスをやってみて良かったな、と思われることは何でしょうか？

島津　いろいろありますが、強いてまとめるとすれば、二つあります。今、モスクワの街を歩いていると、誰もが携帯電話を持っていますよね。そんな若者たちの姿を見ていて、「一国の発展に少しでも貢献できたのだな」、「あの頃の努力が人々の幸せにつながったのだな」と感じられる瞬間というのは、長年こういう仕事をしていますが、純粋に嬉しいことですし、今後の励みにもなります。自己繁栄だけの目的では寂しいですよね。激動の時代にロシアに関わる以上、少しでもいいから、社会変革の一翼を担いたい、という気概だけはいつも持ってやって参りました。

　もう一つは、さっきモリヤマさんのおっしゃられていた、「知ることは変わること」に関係するのですが、「ロシア人を知った」ことでしょうか。それまでは、やはりロシア人に対して、ある種の先入観、偏見がなかったと言えば、嘘になります。しかし、実際に腹を割ってつきあってみると、こんなに人なつっこくて良い人たちはいないのじゃないですかね。むろん、日本同様、悪い人もいますが、総論レベルで良い人が多い国なのだな、多くの日本人がもつロシア観はちょっと違っているな、というのが肌でわかったのです。ガラッと見方が変わったわけです。私はロシアの前に20年近く中近東ビジネスをやってきたのですが、彼らは一言で言って、ビジネスとなると情け容赦ない人たちです。もちろん、個人レベルでは、今でも親交が続いている親友もいます。ですが、総論レベルでは、我々日本人との共通項があまりにも少ないため、特に金がからむと、交渉相手としてはもの凄く手強いわけです。ところが、ロシア人には、我々の慣れ親しんだ、義理人情が通じ

るのです。これは驚きでした。酒を飲みながら、だんだんと相手を知り、相手の懐に入っていく。「俺の顔を立ててくれ」という彼らの価値観も痛いほどよくわかる。中国でも面子という言葉がありますが、ロシア人のほうが日本人とはわかりあえる気がしますね。

著　者　なるほど、それは読者の方々にとって心強いお話ですね。今のお話に関連しますが、ロシアを指すコトバとして「砂の社会」という考え方があったとおもいます。ヨーロッパが理論の積み重ねでできた「石の社会」、日本が家族とか地域といった共同体の中の粘り気のある人間関係でできた「粘土の社会」であるのに対し、ロシアは砂のようにまとまりのない性質をもっていて、手でギュッと握れば固まるのですが、放すとばらばらに崩れてしまう社会だ、という喩えです。今のお話を伺っていると、むしろ、ロシアこそ「粘土の社会」なのかもしれませんね。

島　津　その意味では、そう言えるでしょうね。ウォッカ文化にしても、最近はワインやビールなど多様化していますが、日本みたいに忘年会と新年会をあわせたような宴席では、がんがんウォッカを飲んで、緊密な人間関係を築いていくロシア人は今でも多数います。日本では崩れつつありますが、お中元・お歳暮のような贈答文化も根強く残っています。誕生日や記念日にはプレゼントが届きます。もちつもたれつ。木目細やかな気配り。惻隠の情。そんな日本的な美徳が日本以上に生きているのだな、と感じることが少なくないんです。だからこそ、彼らとビジネスをするなら、敬意をもって接しつつ、ロジックで説明して、説明できないところはノミュニケーションで理解を求める。むろん、その前から、気配りを重ねて良好な人間関係を築いておく努力は怠らない。そういう心がけが大切でしょう。

著　者　ウォッカ文化については、機内で酒盛りを始めるロシア人に辟易したという日本人の声を少なからず聞きましたが、あの現象はど

のように見られますか？
島　津　たしかに、初めてそういう集団に遭遇した時は、人の迷惑省みず、と思ったのですが、何度も見るうちに、昔の、そうですね昭和40年頃の日本だってあんな感じだったよな、と思うようになりました。あの頃の社員旅行の時と変わらないですよ。やはり日常を離れると、恥のかき捨て、というか……。
著　者　赤信号、皆で渡れば怖くない、ですか（笑）。
島　津　ははは（笑）。集団で純粋に楽しんでいるんですよ、彼らは彼らなりに。飛行機に乗るなんていうのは非日常の最たるものなのですから。他人には迷惑なのですけど、悪気は感じないですね。
著　者　日本では伝統的な美徳がどんどん消滅してきているなか、外国で、しかもロシアで、旧き良き日本の美徳に遭遇すると悪い気はしないですよね。では逆に、ロシアビジネスにおける頭痛のタネはなんでしょうか？
島　津　プーチン大統領をはじめ連邦政府のトップの方々が努力されているのはわかっているのですが、まだまだ官僚主義といいますか、中央政府と地方政府の間の温度差のみならず、担当者間でも皆が違うことを言うケースが少なくないのが残念な点です。トップの方と話すと、耳に心地の良いお話をたくさんいただけるのですが、その下の人たちと実務レベルの話をすると、話がまったく下りてなくて、「どうなってんの？」ということがあるのです。しかも、既得利権がらみの話になりますと、まるで水が乾いた土地にしみこんでいくように、いつの間にかスッと立ち消えになってしまうのです。むろん、そこを深掘りすれば、いろいろとコンプライアンス上の問題にぶち当たるので、そこで諦めるのですが、そういう意味では、ため息がでることは無きにしもあらずです。

　それから、最近政府の偉い人たちがPPP（インフラ関連投資に関する官民パートナーシップ）というコトバをよく使うのです

が、仏作って魂入れず、といいますか、ルールの実務的な運用方法など、もう少し各論部分までつめた上で、お話をいただきたいのです。税務調査官の方々にしても、もう少しロジックを丁寧に説明していただければ、我々としても対応できるのですが、どこがダメなのかよくわからないまま、高圧的に来られてしまうとやはり残念な気持ちにならざるをえません。我々日本人は遵法精神はあるわけですから、もう少しルールをクリアーにしていただければ、破ることはないのですから。

著　者　その意味では、やはりルース・ベネディクトの言う、日本的な「恥の文化」はロシアにはないのかもしれませんね。

島　津　原罪と救済の文化なのでしょうか。いずれにせよ、上からモノを言う文化については、さっきモリヤマさんのおっしゃられていた「砂の社会」なのかもしれません。何か強権的な要素、権威主義的な要素がないとロシアでは秩序が保てない、という主張ですよね。強い親分の下で皆仲良くする。親分が決めたら下は黙ってついていく。日本にもそういうカルチャーはありますが、面従腹背と言いますか、本音の部分では従っていない、という部分があると思います。ですが、ロシアでは、「面従服従」といいますか、強い者を尊び、服従する、という側面があるのかもしれません。例えば、飛行機が遅れると、日本人なら状況説明がないと納得できないのですが、ロシア人は、良く言えば、泰然と、悪く言えば、長いものには巻かれろ、といった態度で、黙って座っているわけです。さっきの税務調査にしても、調査官に言われたら、つべこべ言わずに追徴金を払うという発想なのでしょう。昔はロマノフ王朝、レーニンの共産主義、そして現在のプーチン政権と、絶対的権力者がいるとロシアはまとまる、という意味では「砂の社会」なのかもしれません。

著　者　そしてロシア人は、意識的、無意識的に、その弱さを知っている

のかもしれませんね。そんな中、どうやってロシア人スタッフの方々と仕事されているのでしょうか？　絶対権力者として振る舞われているのでしょうか？　それとも最近の日本のような感じで、下にも気を遣って接しておられるのでしょうか？

島津　私は、先ほども申し上げた通り、「ロシア人も我々と同じ人間なんだ」という発見がありましたから、あまり高圧的な物言いでは彼らに接しません。たしかに、官庁の方たちを見ていると、極端な縦社会の印象は受けますし、高圧的な物言いで接しているのを見かけたことも少なくありません。しかし、私自身は、常に自ら意見を発信して、私が考えていることを彼らに直接理解してもらうように心がけています。そして、常に歩き回って、なるべく接点をもつよう努力しているつもりです。それから、褒めるところは、きちんと褒めています。

著者　親しみやすいけれど怖い親父さんとして、一目置かれているわけですね。ところで、ロシアビジネスにおいて、CIS支配人のお立場からどうやってリスクを管理されていらっしゃるのか教えていただけますか？

島津　まず内部的なリスクについては、JSOXなどの準備も始めていますし、内部監査チームなどとも連携していますので、あまり問題はないようです。一方、外部リスクですが、やはり「どういう相手なのか？」を見極める点に集約できるでしょう。とにかく、まずはNDA（秘密保持契約）を結んで財務諸表を見せてもらう。まずそこでもめるような相手とは仕事はしないことです。

著者　財務諸表といっても、なかなか十分なものが手に入らないようですが。

島津　御社みたいな世界的な監査法人のお墨付きのついた監査報告書があればもちろん理想的なのですが、そうではないケースが少なくないのが実情です。それでも、基本的な財務諸表はじっくり読み

こんだ上で判断しなければなりません。BSとPLがこうなっていて、キャッシュ・フローや金銭債権債務関係はどうなのかなど、肝になる部分を気合いを入れて調べつつ、社長や金庫番の人など会社の幹部とじっくり腹を割って話せば、「信頼できる相手かどうか」、「価値観を共有できる相手かどうか」、「黒社会とのつながりはないのか」、「お金はもっているのか」など、実態はわかるものです。

著　者　たしかに、リスクがありそうなところを重点的に選択と集中の精神で調べるのが肝要でしょう。あとは、島津さんがおっしゃられたようにキャッシュ・フローでしょうね。私も公認会計士になりたての頃、先輩のイギリス人にCash is king.（現金こそ王様だ→キャッシュ・フローほど信頼できる数字はない）と教わりました。皆さんご心配されるように、二重帳簿はあるかもしれません。しかし、キャッシュまわりを徹底的に洗っていけば、その会社の財務状況は浮かび上がってくるはずです。

島　津　同感です。実際、聞くところによると、裏金作りというのも、むろん無くなってはいないのでしょうが、以前ほど深刻な状況ではなくなりつつあるようです。

著　者　実は、この前、銀行さん主催のロシアセミナーで少し話したのですが、その際に、私が指摘したのがその点なのです。さまざまな統計を見ても裏づけられるのですが、2001年にプーチン大統領が一律13％の個人所得税率（フラット・タックス）を導入した頃から、実際に「裏社会」にいたお金が「表社会」にひょっこり顔を出し始めたのです。それ以前は、累進課税制度で、最高税率30％がわずか5,000ドル超から適用になるような税制でした。しかも、雇用者負担の社会保障税も比較的高かったので、申告対象の給与を低めにして、差額は裏金で現金払いとするほうが、労使共にウィン・ウィンだった、という状況がありました。しかし、累進

　　　　課税制度を廃止し、13%で一律に課税するというシンプルかつ軽税感を醸し出すような施策をとった途端に、皆さん申告を選好する傾向が生まれたのです。

島　津　それがモリヤマさんがおっしゃられるように、ロシアの消費傾向を牽引している一因というわけですね。

著　者　そうです。申告所得が増えれば、その分、銀行から借りられる額も増えますし、車や家、その他の消費者ローンなどオプションも広がっていきます。実際、日本や欧米と比べるとまだピーナッツですが、いわゆる、信用経済が驚くべきスピードで成長しているのです。そして、その甘い蜜に、欧米の名だたる金融機関が群がってきている状況です。ところで、信用といえば、与信管理はどうされているのでしょうか？

島　津　これも先ほどと同じく社長の経営観の確認と財務諸表分析が基本です。実際、98年の危機の時は、取引先の中に危なくなったのがいたのですが、向こうから「払えないから待ってくれ。必ず払う」と言ってきました。それから、本社に取引先の社内格付け等をやっている与信管理チームがあるんですが、彼らとも相談しながら、与信管理をしています。いずれにせよ、拠点長として気をつけているのは、いつも社員に「わからないことは、正直にわからないと言え」と言っています。よくわからない市場では、そういう統制環境が案外強力な武器になるのじゃないでしょうか。

著　者　おっしゃる通りだとおもいます。では、最後にこれからロシア投資をされる日本企業の方々に一言お願いします。

島　津　教育のせいでしょうか、日本ではまだまだロシア人に対する偏見があるように思えます。しかし、とにかく、まずはロシアに来てください。そしてご自分の目でこの国をご覧になってください。この国の人たちと話してみてください。ウォッカを飲み交わしてください。判断するのは、実際に同じ目線で向き合ってみてから

　　　　で遅くはないとおもいます。きっと私のように「知ることは、変わる」ご経験をされるのではないでしょうか。
著　者　現地現物、ゼロ・ベースでロシアを実際に見てみることの重要性ですね。今日はお忙しいなか、ありがとうございました。

◆ Café Break ◆
【取引先を見極めるコツ】

　島津氏とのインタビューの中で、「取引相手のトップと腹蔵なく話し合い、信頼に足る人物かを判断する」ことの重要性について話しあったが、この点に関して、『ロシア式ビジネス狂騒曲』（さとう好明著・東洋書店）では、取引相手を知るための知恵として以下を挙げている。

① 建物の外観では判断しない：見かけはぱっとしなくても、税務署対策のために、わざとそのような外観にしている可能性あり（赤字会社が豪華なビルでは税務署に疑われる）。
② 中に入ったらトイレを確認する。トイレがきれいなら、トップが細かなところまで気を配っているということで、ある程度ではあるが、信用できる（→この点、ロシアとは直接関係ないが、以前、私が話を伺った日本の経営者が、日本および海外で買収をする際に、チェックする項目の一つとして「事務所の整理整頓の度合い：特にトイレ」を挙げていたことと偶然にも符合している）。
③ 下手でもいいから、なるべく自分のロシア語で話す。ロシア語ができない場合は、ロシア人を通訳として使わない。税務署がらみのきわどい話もでてくる可能性があるので、同胞だと警戒して、うわべだけの話に始終する可能性大。したがって、日本人などロシア人以外の通訳を使って、警戒感を解く。また、不要に警戒させないため、数字で書いたものを要求しない。
④ 警戒を解くため、話を始める前に、次のような枕詞を使う。
（i）「ベズ・アビャザーチェリストヴァ」（あくまで参考まで：話しの内容に責任をもたなくてよい、というニュアンス）
（ii）「トーリカ・メジュドゥナーミ」（貴社と弊社の間だけ：オフレコのニュアンス）

第4章　ビジネス課税制度

1 概　　観

　ロシアにおけるビジネス関連の税制は、連邦税、地方税および市町村税に分類され、連邦税が中心となっている。これらを併せると、およそ40種類の税制が存在する。

　法令が頻繁に改正されるため、ロシア投資の検討において、税制のモニタリングには細心の注意を要する。

　また、所得の種類によっては、租税条約に基づきロシアにおいて免税となる可能性もあるため、適宜、該当する租税条約を確認することが肝要である。

　なお、財務省は「2008年度から2010年度の税制方針」という報告書を国会に提出済みで、今後、詳細が詰められていく予定。将来の税制について方針を表明したのはロシアでは初めてのことである。現時点で、導入検討中の新税制は以下の通りである。

(1)　タックスヘイブン対策税制（CFC規定）の導入
(2)　連結納税制度の導入
(3)　移転価格税制の改正
(4)　資本参加免税の導入

1　主たる連邦税

　連邦税の主なものは次の税である。

　① 　法人税
　② 　付加価値税
　③ 　物品税
　④ 　個人所得税

⑤　社会保障税
⑥　資源採掘税
⑦　資源使用税
⑧　水道使用税
⑨　相続税および贈与税
⑩　印紙税等

2　主たる地方税
地方税の主なものは次の税である。
①　固定資産税
②　輸送車両保有税
③　賭博税等

3　主たる市町村税
市町村税で主なものは次の税である。
①　土地税等

また、上記以外に、企業は社会保障税、環境税等の支払い義務がある。関税については別途ロシア関税当局が管轄している（第7章『関税と通関制度』を参照）。

2　法人税率

ロシアでは、24%を最高税率とした法人税率が定められている。このうち、連邦政府予算に充当される部分が6.5%、地方政府予算に該当する部分が最高で17.5%として設定されている。「最高で」というのは、地方政

府が、裁量で最高4％まで地方予算充当分を減らすことができるからである（結果として法人税率は20％まで下がる可能性がある）。

外国法人の支店、駐在員事務所については、法人課税において内国法人と異なった取扱いが規定されている。

パートナーシップ利益課税については、原則として、パートナーに分配された時点で課税される。

3 内国法人に対する課税

ロシアの内国法人は、原則として全世界所得が法人税の対象となる。また、税務上の利益は原則として発生主義で認識される。

4 外国法人に対する課税（PE課税等）

外国法人については、ロシア国内の恒久的施設（PE）において獲得した事業所得のみが法人税の対象となる。投資所得等は源泉税のみが課される。また、ロシアPEから外国本店への利益移転については法人税は課されない。

ロシアにおいて活動を実施する固定的施設（例えば、支店、事務所、工場、建設現場、代理人等）を有し、そこで継続的に一定の事業活動を行う場合、原則として恒久的施設（PE）を有すると判断される。

国内法では、例として、天然資源の採掘、機械装置の組み立て（および据え付け、調整、維持等）、外国企業が保有もしくはリースしている国内倉庫からの在庫の販売などが、PE認定を受ける可能性がある活動として挙げられている。

また、PEに該当しない活動としては、本店に対して行う活動のうち、

情報収集、マーケティング、広報、市場調査、物品の輸出入、その他準備的または補助的な性質の活動が挙げられている。

　例えば、書面による本店からの詳細な指示に基づいて契約書に署名するのであれば、「準備的または補助的な性質の活動」を示唆するといえるが、販売サポートの名目の下、契約条件について交渉すると（例：値引交渉等）、その範囲を超越していると判断される可能性があるだろう。いずれにせよ、当局の形式主義を鑑みると、非課税の駐在員事務所ステータスを維持するには、「本店からの直接の指示に基づき行動している」と「意思決定プロセスには関与していない」の二点を中心に、普段から関連文書収集と文書作成を進めておくことが肝要であろう。

　また、活動内容が、顧客情報収集など「準備的または補助的な性質の活動」であっても、本店以外の第三者に無償の役務提供を行う（あるいはそのように当局が判断した）場合は、PEとみなされ、当該役務に関わる費用について、コストプラス20％で課税される。それ以外のケースでは総合課税方式が用いられる。

　さらに、駐在員事務所から直接収益が上がっていないケースでPE認定された場合、ロシアの税務当局は本店の世界所得を基にロシアの事務所に妥当な方法で収益を配賦し課税する可能性もある（この法律に関する当局の解釈等は公表されていない）。

　いずれにせよ、個別の事例に適用する際は、関連する租税条約上のPEの定義や本支店間の経費の配賦の可否等を確認する必要がある。

　最後に、ロシア内の恒久的施設を通して年間30日以上ロシアで活動する外国企業は、活動内容が課税対象か否かにかかわらず、原則として、税務当局における登録義務が発生し、ロシア納税者番号を取得しなければならない点には留意を要する。

5　ロシアの租税条約

　ロシア政府は、新条約が締結されるまでは、原則として、旧ソ連が締結した租税条約を、ロシアと当該国の条約として認めている。
　現時点で、旧ソ連時代の条約を含めるとロシアは69か国と租税条約を結んでいる。現在、ロシアは、さらに20か国以上とOECDモデル条約に準拠した新条約の批准、締結に向けて交渉中である。

6　課税所得の算定

　課税所得は、原則として、総収益から損金算入が認められる経費や損失等を控除することにより算定される（総合課税方式）。総収益とは売上収益とその他の収益を合計したものである。
　課税所得の算定については、現地法人も支店もほとんど差異がない。支店において一つ異なるのは、現地法人において必要とされる月次予納法人税規定から免除される点であろう。
　また、外貨建ての売上認識や外国為替差損益の算定においては、ロシア中央銀行が指定する外国為替レートを用いたルーブル換算が要請される。
　無償対価による資産、現金、サービス等の譲渡については、法人税の対象となる。この場合の課税標準は原則として市場価額で算定される。さらに、無償譲渡に関連して発生した経費は、譲渡者において損金とは認められない。ただし、支配比率50％以上のロシアもしくは外国株主（法人もしくは個人）から無償で取得した資産については、譲受時点から1年以内に第三者に再譲渡しない限り、法人課税の対象とならない場合がある。
　なお、益金不算入項目についてはリストが公表されており、現物出資さ

れた資産や還付税にかかる受取利息などが含まれる。

1　棚卸資産の評価方法

　棚卸資産の評価方法としては、ロシアではさまざまな方法が容認されている（平均法、先入先出法、後入先出法等）。

2　キャピタルゲイン

　ロシアではキャピタルゲイン課税という独立した税制はなく、法人税計算上の益金項目として扱われる。資産の売却に伴い発生するキャピタルゲインは、売却価額と取得原価（償却性資産については減価償却額控除後の純資産価額）の差額として算定され、他の所得と同様に法人税法上の課税所得に合算される。固定資産売却損（キャピタルロス）については、当該資産の残存耐用年数にわたって毎年均等割りで法人税計算上、損金算入できる場合がある。

3　配当所得

　ロシア内国法人から内国法人・居住者への配当は、9％の源泉税が課される。外国法人から内国法人への配当は、一律15％で課税される。

4　受取利息

　原則として、受取利息には20％の源泉税が課される。ただし、日本からの受取利息について、日ソ租税条約（日露租税条約として準用される）の適用により、10％の源泉税率が適用される。

5　国外源泉所得

　ロシアの内国法人は、全世界所得について課税される。したがって、海

外支店所得および海外からの配当についてはロシアにおいて課税対象となる。海外において発生した税額は、原則としてロシアにおいて外国税額控除の適用対象となる。

7 損金の計上基準

　原則として（法律上損金不算入項目のリストに載っていない限り）、以下の三点を満たせば、会計上の経費項目は税務上、損金計上することができる。
(1)　経済的合理性がある
(2)　収益獲得活動との直接の因果関係が認められる
(3)　書類等により上記が立証できる
　また、一定の経費は資産化もしくは繰延処理が認められている（天然資源の開発費用、研究開発費、修繕費用、固定資産の売却損等）。
　なお、損金算入項目ならびに損金不算入項目の一覧表が政府により公表されている。ただし、たとえ損金算入項目のリストに載っていたとしても、あるいは経済的合理性やビジネス上発生した経費である点が明白であったとしても、実務上、証憑書類の不備などを理由に損金否認されるケースが少なくない。また、直接的ではなく、間接的に収益獲得に貢献する経費についても否認される傾向にある。
　近年、当局の対応は年々厳格になってきており、かつ経費証明のために必要な書類関連要件も複雑になってきている。ますます形式主義におかされた様相を呈してきている状況の中、日本企業としては、必要書類（契約書、請求書、その他関連書類）を辛抱強く準備・管理していくしか術がないと言えよう。なお、今後の動向を示唆する一点の光としては、2006年の判例が挙げられる（明らかに事業目的で行った取引については税務上有効

とする。また、その判定において納税者の悪意の存在については問わない)。

1　減価償却費

　税務上の減価償却費は、法人税法に基づき、原則として各資産ごとに定額法もしくは定率法により計算される。無形資産（暖簾を除く）については、経済的耐用年数が適用されるが、見積耐用年数の算定が困難な場合には、10年とすることができる。

　ロシアでは定額法と定率法が採用されているが、一部の資産を除いて、原則として、どちらの方法を用いてもよい。

2　資産の耐用年数

分　類	耐用年数	資産タイプ
1	1〜2年	石油ガス採掘機械等
2	2〜3年	建設機械等
3	3〜5年	自動車・コンピューター・事務機器等
4	5〜7年	事務所備品等

　なお、2006年度より、一時償却制度が導入された。固定資産の購入・修繕について、取得原価の10％に相当する特別減価償却を初年度に一度きり行うことができるようになった。通常の減価償却費については、90％の残存価額をもとに算定される。適用除外については、無償で取得した固定資産と規定されている。

　ファイナンス・リース契約の対象資産については、会計上定められている通常の償却率の3倍での加速償却が認められている。

3　繰越欠損金

　税務上発生した欠損金は、原則として10年間の繰越しができる。2006年末までは、繰越欠損金の相殺可能額について、当期課税所得の50％を上限とする規定があったが、2007年1月1日より、この制限は撤廃された。なお、欠損金の繰戻しは認められていない。

4　支払利息と過少資本税制

　原則として、支払利息は損金算入できるが、独立企業間原則等に反する利率に基づく借入の場合には、損金計上が否認されることがある。

　直接、間接保有を問わず20％を超える支配比率を有する外国株主からの負債に対しては、過少資本税制が適用される。また、ロシア国内の姉妹会社間の負債（外国法人の関連会社であるロシア企業から、同じ外国法人が直接的・間接的に20％以上の株式を保有する別のロシア企業に貸付け等が行われた場合）や外国法人もしくはそのロシア子会社による債務保証がなされた負債についても、ロシアの過少資本税制は適用される。

　この場合、資本負債比率1対3が適用され（金融機関やリース会社には、1対12.5の負債資本比率が適用される）、原則として当該超過部分に相当する支払利息は損金として認められず配当とみなされ源泉税の対象となる。なお、債務超過状態の場合では、超過額のみならず支払利息の全額が損金否認される。

5　海外関連企業への支払い

　海外の関連者に支払う使用料、人材派遣料、経営指導料、コンサルタント報酬、リース料等に関しては、独立企業間原則に準拠している限り、原則として、全額損金算入できる。

　これらの費用支出に関しては、その支払いを証明できる証憑書類を保管

することが税務調査対策として有効となる。

6　交際費

顧客のための接待費や従業員のための内部パーティー費用などは、人件費総額の4％を上限に控除できる。

7　研究開発費

2007年度より、研究開発活動については、成功・不成功にかかわらず、1年で償却できる（2006年末までは、実際に企業の販売活動や生産活動に貢献した場合には2年間で償却でき、そうでない場合には3年間にわたって償却という規定が存在した）。なお、特別経済地区において発生した研究開発費は一括控除できる。

8　連結納税制度

原則として、ロシアには連結納税制度はない。ただし、外国企業が複数のロシア支店を有しており、その活動が「統合技術プロセス」と当局にみなされた場合、（理論的には）一定の条件を満たせば一種の連結納税ができる場合がある。

現在、ロシア政府は、連結納税制度の導入について検討を重ねている。

9　源泉税

ロシア居住者・内国法人への配当には、原則として9％の源泉税が課される。一方、ロシア非居住者・外国法人への配当には、国内法上、15％の源泉税が課される。

通常の借入に対する支払利息については、原則として20％源泉税が課される。ただし、ロシア政府国債、地方債の利払いに対しては15％が適用される（1997年1月20日以前発行の債券等については、源泉税は免除されている）。

　当該税率は租税条約の適用により、その他適用条件を満たせば、軽減できる場合があり、例えばロシアから日本に対して支払われる各所得に対する源泉税率は、租税条約に基づき、以下の通り規定されている。

- 配当………………………15％
- 利子および使用料………10％

　なお、日本の本社に対し、配当や利子等を支払う際に、租税条約に基づく軽減税率を受けるには、日本の税務当局から「居住者証明書」を取得し、アポスティーユ認証を受ける（さらに、法律上は規定されていないが、念のためロシア語への法定翻訳もつけると、実務経験上、問題が起きにくい）という作業を、支払いの前に完了しておく必要がある。

10　申告と納付

1　税務申告

　ロシアでは、税務上の事業年度は暦年しか認められていない。また、ロシア内国法人もしくは外国法人のロシア支店については税務目的の会計帳簿作成・維持が義務づけられている。

　納税者は、四半期ごともしくは月ごとに税務署への申告義務が発生する。さらに、上記とは別途、事業年度の翌期の3月28日までに、年次法人税申告（確定申告）が必要となる。

2　納　付

　月ごとの申告を選択した場合、翌月の28日までに申告書の提出と予納法人税額の支払いが完了していなければならない。

　四半期ごとの申告を選択した場合、四半期終了日から28日以内に申告を行う。ただし、納税については、毎月予納しなければならない。すなわち、前四半期の納税額の3分の1に相当する額を毎月予納し、四半期末終了日から28日以内に、実際の四半期所得に基づく税額との差額を予納する（外国企業の支店・駐在員事務所など一部四半期ごと納付が容認されているケースもある）。

　なお、年次法人税申告終了後に最終的な納税額が確定され、予納税額合計との差額を所轄税務署に支払うことになる。

11　移転価格税制

1　概　観

　ロシアの移転価格税制は連邦法人税法の第20条と第40条に規定されており、OECD ガイドラインとの相違点は多い。ただし、2008年に新移転価格税制の導入が予定されており、注意が必要である。

　以下の取引を行う場合、移転価格税制の対象（「支配取引」：controlled transaction という表現が使われる）とみなされ、当局による税務調査が行われる可能性がある。

(1)　関連企業間取引
(2)　国外企業とのクロスボーダー取引
(3)　物々交換取引（サービスも含む）
(4)　取引価格が短期間で市場価格と比較して20％を超える変動がある取引（ロシア国内取引も含む）

(5) その他

2　価格算定方式

　現在ロシアで認められている移転価格の算定方法は以下の通りで、少なくとも名称上は、OECDガイドライン規定の基本三法に類するものとなっている。
　(1)　独立価格比準法
　(2)　再販売価格基準法
　(3)　原価基準法

　なお、上記三法のうち独立価格比準法の適用が優先され、比較対象が存在しない場合などに、それ以外の方法の使用が容認される。ロシアにおける再販売価格基準法と原価基準法は、売上総利益ではなく、純利益に着目した分析であるため、実質上TNMM法（取引単位営業利益法）に近いといえよう。なお、利益分割法は認められていない。

　また、現時点では文書化規定は定められていないが、実務上、日本本社がグループ会社用に作成する移転価格方針にロシアの法令を加味して文書化しておくのが賢明であろう（なお、後述の通り、現在、文書化規定の導入を検討中）。機能分析に関する規定も定められていない。

3　問　題　点

　法律上、市場価格の妥当性に関する立証責任は当局にあるが、税務訴訟になるケースが多いため、実態としては納税者側にあると言えよう。
　市場価格の±20％の範囲内であれば、原則として適正な移転価格として考えられる。この範囲を超えると、当局は法人税およびVAT計算目的の更正を行う権利を有する。このため、例えば、2割を超える割引を行うとき等、当該20％規定に抵触する可能性がある場合には、その合理性につい

て文書化しておくべきであろう。なお、国内取引については、国内法に対応的調整の規定がないため、売り手側が増額更正されても、買い手側が減額更正されることはない（上述の通り、ロシアでは国内取引も移転価格税制の対象）。

また、比較対象取引の市場価格算定の際に、税務当局は「公式情報源」を用いることになっているが、ロシア国家統計局からはその種の情報が得られないことも多い。このため、関税当局や商工会議所、あるいは地方当局などから情報入手を行うケースも少なくない（当然、ベンチマーキング等を行う際も、公式データを用いなければならない）。ただし、過去の多くの判例では、国家統計局のみを「公式情報源」としているため、構造的な問題がある。なお、この「公式」情報源という縛りについて、定義が明文化されていないため、納税者サイドにとっては対策を立てにくいという問題もはらんでいる。また、調査官の経験不足等から、移転価格税制先進国の当局において勘案されるさまざまな調整要因が無視されることもあり得る。

さらに、「市場価格」の概念がOECDガイドライン規定の独立企業間価格とは必ずしも一致しないため、たとえ「独立企業間価格」であっても、当該規定に抵触する可能性がある。このため、例えば、非関連者に対する割引条件など、マーケティング政策を詳細に文書化しておいたほうが賢明である。

4　税法改正案

移転価格税制に関する税法改正案は以下の通りである。
1)　市場価格算定に採用できる情報ソースの拡大（現状としては、「オフィシャル・データのみ可」と規定されている）
2)　20%のセーフハーバー（安全圏）ルールは廃止され、OECDガイ

ドラインに基づく独立企業間原則（価格レンジの概念等）を導入
3) 文書化規定の導入（立証責任は納税者に帰属）：関連企業間取引の詳細、価格算定方式、その他移転価格決定に影響する要因等の文書化
4) 機能分析に関する規定の導入
5) TNMM法と利益分割法の導入
6) 事前確認制度（ユニAPA）の導入：2010年度導入を予定
7) 罰則規定の導入

導入後は、徐々に移転価格税制先進国のような洗練されたルールや調査体制が整備されていくものとおもわれるが、過渡期においては、調査における属人性（調査官ごとの知識・経験のバラつき）の影響は高くなると思われる。

12　その他の税制

その他の主要な税制を以下列挙する。

1　物品税

一定の品目の輸入販売もしくは製造（アルコール、タバコ、ガソリン、車両等）に対して課税される地方税のこと。輸出は、対象外となる。税率は、課税対象品目ごとに異なる。

2　固定資産税

納税者の貸借対照表上の固定資産の平均純資産価額に対して最大2.2%で課される地方税のこと。モスクワやサンクトペテルブルクでは2.2%が適用される。土地、天然資源等は課税対象外。地方当局は、投資優遇策の

一環として、弾力的に当該税率を減免する権限を有する。なお、特別経済地区（SEZ）では免除となる地区もある（例：サンクトペテルブルクの経済特区）。

　申告については、四半期資産税申告書を四半期終了後30日以内に、年次資産税申告書は翌年の3月30日までに、提出しなければならない。

3　輸送車両保有税

　車両、バイク、バス、航空機、船舶等ロシアにおいて登録されているあらゆる輸送車両の所有者（ロシア内国法人、外国法人、個人）に対して課される地方税のこと。

　輸送車両の馬力等の基準に基づき、課税標準ならびに税率が決定される。申告ならびに納税手続は各地方政府の裁量にて決定されるが、多くのケースで四半期ごとおよび年次の申告ならびに納税手続が必要となる。

4　土　地　税

　土地を所有もしくは永久使用権をもつ法人および個人に対して課される市町村税のこと（土地をリースしている場合は、課税対象外）。

　課税標準は、連邦土地法の基準に基づいて算定される。

　税率については、農地および居住用の土地については0.3％を上限とする税率を当局が裁量で決められる。その他の土地については、1.5％を上限とする税率を用いる。例えば、モスクワおよびサンクトペテルブルクの場合、事業用の土地に適用される税率は原則として1.5％となっている。

　原則として、四半期ごとの申告と予納が必要。年次申告書については翌年の2月1日までに提出する必要がある。

5 その他

　ロシアでは税制が頻繁に変わる点と、地域によって異なる税制が存在する可能性がある点から（例えば、環境関連等）、投資される際には該当する税制のリストを作成し、詳細を吟味することが賢明であろう。

第5章　税務調査

1　概　観

ロシアの連邦税法には、以下の原則が明記されている。
- 税法上の規定に矛盾点や不明瞭な点が認められた場合には、原則として納税者に有利な解釈がなされなければならない。
- 調査等における立証責任は税務当局側にある。
- 税務当局は納税者に対して守秘義務を負う。

以上が原則だが、事実上、調査官は経済的実態よりも形式を重視する傾向が強く、かなり厳しい調査になるケースが少なくない。また、通達などで法令の解釈が明示されるケースも極めて少ないため、納税者サイドでは対策が立てにくい傾向にある。実際、著者が関わったケースでも、明らかにビジネス目的で発生したサプライヤーからの請求書上の表現、表示方法が形式要件を満たしていないなどの理由で、損金否認されたケースがある。また、仕入VATの還付についても、明確な説明なしに否認されることが少なくない。

調査頻度についても、西欧と比べるとかなり高く、対象としては、法人税関連とVAT関連の調査が多い。しかも、税務裁判所まで持ち込まれるケースも少なくない（ただし、各種統計によると、税務裁判所における納税者の勝訴率は高い点から、裁判所は経済的実態を形式よりも優先していると言えるかもしれない）。

2　税務調査の種類

1　机上調査（準備調査および書面照会による調査：desk tax audit）

実地調査は行わずに、申告書等の資料をもとに税務署内で行う税務調査。

申告日から3か月以内に行わなければならない。

当該調査において、当局は法律で規定されている情報（申告書を補足する情報等）の提出を求めることができる。この場合、原則として10営業日以内に情報を提出しなければならない（ちなみに、2006年までは5日間しか猶予が与えられていなかったので、状況は若干ではあるが改善している）。なお、納税者が当局から提出要求された情報を期限内に完全に提出できない場合等は、提出要求があった時点から24時間以内にその旨を当局に通知することができる。

調査の結果、不審な点が見つかった場合は、当局は納税者に対し「お尋ね」という形で質問状を送付し、納税者側は説明を行うことになる。また、説明を補足するために追加の資料を提出する権利を納税者は有する。

なお、2006年末までは、税務当局が机上調査を行う場合、3年間までしか遡れないという規定があったが、2007年より、この規定が廃止された。このため、原則として、当局は過去のファイルをいつまでも遡れることになった（ただし、当局が納税者に対し提出要求できる情報は法律でリストされており、そのリスト外の情報を要求された場合は、原則として拒否することができる）。

違法もしくは不当な行為が見つかった場合には、当局は10営業日以内に納税者に対し通知をしなければならない（見つからなかった場合には、通知はなされない）。

2　実地調査（field tax audit）

連邦税法によると、実地調査において当局は以下の権利を有すると規定されている（抜粋）。
(1) 実地調査許可証の提示をもって、納税者家屋の立入り調査を行うこと
(2) 証人の立会いのもと納税者の所有物を調査すること

⑶　納税者に対し補足説明や関連書類の提出を要求すること
⑷　証人に対して尋問すること
⑸　令状提示かつ納税者と証人立会いのもと、必要書類を押収すること

　実地調査は原則として2か月を超えてはならないと規定されているが、4か月までは延長されることがある（注：例外的には6か月まで延長可能）。
　遡及的調査については、原則として、実地調査を行う事業年度から遡って過去3事業年度までしか、当局は遡及的に調査する権利を有しない（この点、先述の机上調査のケースでは無制限だったのと異なる）。ただし、「調査妨害」（定義なし）などの理由で、当局は、調査期間を延長する権限を有する。
　なお、税務当局は、管轄の税務署の署長等の決定により、最長6か月間の調査保留期間を設けることができる。この中断期間に、当局は、反面調査（関係者へのインタビュー、ロシアの結んでいる国際条約に基づき外国当局から情報収集したり、専門家の意見を聞く等）を行ったり、外国語の関係書類の翻訳等を行うものとされている。
　実地調査終了の際には、当局から納税者に対し、調査終了通知が送られ、2か月以内に調査結果通知書が発行される。納税者は、調査結果通知書受領日から15営業日以内に、書面にて不服申立てを行うことができる。これに対し、当局は、原則としてその後10日以内に（延長あり）、不服申立ての内容を調査した上で納税者に対し決定通知書を送らなければならない。
　なお、駐在員事務所等を閉鎖する際には、当局は、実地調査を行う権利を有するため、現地法人化する際に、しばしば駐在員事務所を閉鎖せずに、併設するケースが見うけられる（遡及期間は3年間のため、新会社に事業を移管後、3年間待ってから閉じる）。

3　更正通知

更正通知書の内容については、以下のようなものがある。これらは法律で定められている内容だが、税務当局（あるいは裁判所）の裁量で罰科金を増額・減額することができる。

1　税務登録の不備・無登録に対する加算税

税務登録を行わずにロシアで事業を行った場合、違反期間の収益の10％に相当する加算税が適用される。また、90日以上無登録だった場合には、20％が適用される。

2　不納付加算税および過少申告加算税

不納付・過少納付にかかわらず、納付額に不足が認められた場合、原則として20％の加算税率が適用される。ただし、意図的な過少申告（仮装・隠蔽等）が認められた場合には、追加納付税額に対し40％の（重）加算税率が適用される。

3　無申告加算税

無申告の場合には、原則として申告期限から計算した納付すべき税額に対し5％の加算税率が適用される。ただし、180日以上申告書が提出されない場合、30％が適用され、その後毎月10％ずつ当該税率は上げられる。

4　税務訴訟

税務調査の結果、納税者が税務訴訟を起こすケースは、他国と比較して、

ロシアでは著しく多い。下記のように四審制となっているが、税務調査の場合、通常、三審までのケースが多い。

　第一審は、ロシア国内に81か所存在する地方裁判所で行われる。第二審は、地方裁判所の決定に関し控訴があった場合に、国内に20か所ある連邦政府管轄の上級裁判所において再審議される。第三審については、上告があった場合に、国内10か所にある連邦政府管轄の裁判所で行われ、前述の第二審までで行われた決定の合法性を再審理する。それでも上訴する場合は、連邦最高裁判所がロシアにおける最終決定機関となる。税務調査に関して、最高裁判所の判断に委ねられることは稀だが、第三審までは行くことは少なくない。

　税務訴訟の場合、地方裁判所への異議申立てから第三審における決定まで、通常10か月から12か月程度を要する。また、事案が複雑な場合には、18か月以上かかるケースもある。

　非公式な統計だが、税務訴訟として最も多いのは、仕入VATの相殺・還付等に関するもので、全体の半数以上を占めると言われている。

第5章　税務調査　73

現地インタビュー
【ロシアの達人②】
「ロシアの光と影」

宗近真一郎氏（ユーラシア三菱東京UFJ銀行頭取）にインタビュー。

著　者　先般の貴行主催のロシアセミナーは300名以上参加されて、大好評でしたね。

宗　近　モリヤマさんたちのご講演も好評でしたし、お陰様でうまくいき一息です。たしかに日本企業のロシア熱は上がっていますが、今日のモスクワは、摂氏マイナス15度で、摂氏プラス15度の日本とは対照的です。去年は2か月以上太陽がまったく顔を出さない日々が続いたこともあります。さて、ロシア経済を天気に喩えるなら、肌を刺すようにぎらつく太陽、ところどころに入道雲、雷雨に要注意というところでしょうか。

著　者　オッと、いきなり比喩ですか、モノ書きの宗近さんらしい（笑）。

宗　近　いやあ、売れない批評家丸出しですね（笑）。ともあれ、ロシアは、昨年11月10日WTO加盟にかかわるアメリカとの二国間合意に至り、外貨準備高は、昨年末3,000億ドルを超えて世界第3位に浮上。日本とロシアの貿易でも、2005年にソ連時代を通じてはじめて輸出入合計で100億ドルを超え、昨年はさらに前年比20％以上の成長、かつ7割以上を占める日本からの自動車輸出の倍増で両国間の輸出と輸入のバランスが逆転しています。マクロベース、2006年のGDP 9,000億ドル、インフレ率を9％に抑え、GDP実質成長率は6.7％を達成。かたやプーチン大統領の支持率は依然として77％と高く、7月にはサンクトペテルブルグでのG8

を無事に乗り切っています。

著　者　FDI（外国直接投資額）も昨年度は300億ドルを突破しましたよね。しかも中身が以前のようなエネルギー関係ばかりに偏らずに、さまざまな業種に拡散してきている点がロシア経済の今後を考える上で重要な点と言えるでしょう。ちなみに、2005年度はその半分でした。驚くべき成長率ですよね。こうして統計数字を見ていると、まさにバラ色の経済で、実際、さきのダボス会議では、ロシアからの参加者（政商）が「フランスのGDPを抜くのも時間の問題」と豪語していたそうです。ただ、統計を見ると、いつもディズレイリの「嘘には三種類ある―嘘、大嘘、そして統計」というコトバが脳裏をよぎりますが……。

宗　近　数字自体は、ほぼ正確だといえます。ただ、バラ色の計数というコインの片側には、いわゆるペトロ・ポリティックスが見え隠れします。資源ナショナリズムによるCIS諸国との確執、サハリン２プロジェクトの環境ライセンス取り消しに始まった係争が、ガスプロムの資本参加となった去就については、正直、理不尽な印象が否めません。また、改革派中銀副総裁や反政府ジャーナリストの暗殺など、公共精神、相互理解の尊重からは、理解しにくい事態も起きています。体制転換と共に、ロシアの人たちの中で、「力」に関して一種のパラダイム・シフトが起こったのかもしれません。

著　者　たしかマルクスは、国家（権力）、商品、貨幣といった、本来人間が作り出したものが、ある意味で一神教的な暴力性を帯びて、人間の意志を超越し独り歩きし始め、制御不能に陥り得る点を指摘していましたが、宗近さんのおっしゃるのは、どういった意味での「力」でしょうか？

宗　近　この国は、かつてガガーリンを人類として初めて宇宙飛行させた科学大国だったわけですよね。それが、今、モスクワには、モノ

作り、つまり「生産」の匂いがまったくと言っていいほどしないんです。私が子供の頃、日本でぷんぷんしていた、あの匂いです。代わりにあるのは、資源国家にありがちな、刹那的というか、むき出しの欲望がむき出しの消費に直結するような、そんな生臭さです。抽象的な話になってしまうのですが、私には「生産」、つまり自然を「価値」に換えて社会という共同体に貢献していく力こそ、倫理の源泉であり、国力の礎だとおもうのです。ところが、その基本が根底から変わってきてしまっているように思える瞬間があります。

著　者　どのように変わってきているのでしょうか？　価値、つまり「貨幣」（カネ）が超えてはいけないロシア文化や倫理を超越しつつあるということでしょうか？　本来は、生産物が貨幣に交換されることで、収奪などの暴力性が排除されるはずなのに、交換のプロセスがぷっつり省かれてしまったがために、逆に暴力性が不意に顔を出すことがある、というロジックでしょうか？

宗　近　一言で言えば、「生産」から離れていく人々のもつ、ある種の捨て鉢な心性です。スラブの世界観では、人間が知性や理性で問題解決を試みるのは間違いで、代わりに救済を求めるべきだ、という思想が根底に流れています。「理性では、人生の悲劇的な側面を理解できない」、「罪は不意に解消され、人間は救済される」というのがドフトエフスキーなどのロシアの文豪の作品に流れるテーマですよね。

著　者　キリスト教の「救済」の概念って、荒っぽくまとめちゃうと「罪を背負っているから今は苦しいが、来世では救済される」、「人間っていうのは、初めから堕落した存在で、そこから終末に向けて回復していく。むろん、復活後、最後の審判は受けるのだから、楽園にいけるように自分を律して生きていくべきだ」という考え方でしたよね。

宗近　そうです。その救済までのプロセスは、本来、悩み多き長き道のりのはずなのですが、今のロシアでは、刹那的価値観や快楽主義によって歪められて、不自然なまでに単純化・短絡化しているように思うのです。その結果として顕在化しているのが、先ほど述べた変質した「力」の正体ではないか、というのが私の主張です。

著者　思想家・ムネチカ節炸裂ですが、ちょっと難しくなってきましたねぇ（※限られた書面では氏の思索を全部ご紹介できないので、筆者のホームページに宗近氏の論文『テロリズムと救済』を掲載しておきます）。私自身はもっと東洋的な視点から、ロシアの現状を見ています。善があるから悪があり、悪があるから善がある。そして、そういう善悪が混在した姿こそ最も自然である、という見方です。陰と陽が絶妙な割合でブレンドされている点こそ、ロシアらしさ、といえるのではないでしょうか。人間が善と悪の寄木細工であるとすれば、ロシアは、本質的な意味で、「人間の匂いがする社会」に思えてなりません。

　また、消費志向については、もともとは資本主義だったわけですから、むしろ旧ソ連の70年間が彼らにとって異常な時代だったとも言えそうです。禁欲的生活を強いられた反動で、抑圧された消費欲求が一気に噴き出しているのではないでしょうか。いずれにせよ、大いなるロシアの地が、カネの持つ暴力性も、国家権力の持つ暴力性も、民族の持つ暴力性も、そして人間が本来持つ暴力性も、そういうすべてをやさしく覆い包んで、混沌の中にも秩序を生み出しているようにおもえるのですが……。

宗近　なるほど。ただ、極めて対照的な「光と影」の共存、チャンスとリスクのコントラストが、ロシアビジネスの難易度を西側と比べて高くしています。太陽が激しく照りながら、突如として落雷がありうるわけです。思想家・ムネチカ（笑）なら、これをベンヤミンのいう「神的暴力」になぞらえるかもしれません。一方、ビ

ジネスマン・ムネチカは、そんなリスクを最大限コントロールし、状況判断とリスク管理を怠らず、確実に収益機会を獲得すること、これがロシアビジネスでは肝要だと強調します。さまざまなハードルがありながら、それでもロシアには商機あり、というのは揺ぎない事実なのです。例えば、モスクワ日本商工会の加盟社数は2002年末で64社でしたが、昨年末には151社となり、このトレンドには拍車がかかっています。米国商工会議所の加入者数も、日本の数倍のスケールで急増しているそうです。たしかに、事業運営の難易度は低くはありません。ですが、さまざまな世界的企業において、コインの裏表を総合判断した上で、まだ先行者利潤が獲得できる市場である、マクロ的にもミクロ的にもクリアーなゴー・サインが出ている、という事実を、日本企業は、冷静に受けとめ、アクションを起こすべきではないでしょうか。

著　者　そうですよね。さて、少し本業のお話を伺いたいとおもいます。

宗　近　先日、コズロフ氏亡き後、ロシア中央銀行筆頭副総裁に任命されたメリキャン氏（元モスクワ大学教授）と１時間ほどお話しする機会があったのですが、彼はロシアの金融セクターの量的な急拡大、例えば、前年比で、総資産では40％、自己資本では30％、個人取引では75％の増加を強調しながら、これはニューエコノミーのブームにすぎず、まだまだ civilized countries の水準には到達していないと明言していました。

著　者　なるほど、金融の観点からも、大きな成長の余地がまだあるということですね。

宗　近　ええ。ロシアの金融についてまず押さえるべきは、ロシアの銀行制度の歴史は1991年暮の体制転換後の15年ちょっとしかない点です。その間に、ルーブル為替相場の下落や高金利を背景に新しい銀行が次々に誕生し、その累計は3,100行、その６割近くが既に姿を消してはいますが、今年初めの時点でまだ1,200弱の銀行が

あります。ポーランドの64やチェコの37と比べると、いかに多いかがお分かりいただけるでしょう。モスクワの中心街を歩いていると辻々に銀行、10メーターごとに両替屋というイメージですね。中でも、中銀が大株主であるズベルバンクがずば抜けて大きくて、上位20行で総資産や預金、貸出の5割以上を占めています。分散が進んでいないわけです。

著　者　80対20の法則が正しいとすれば、さらなる統廃合の余地がかなりあるということですね。GDPの予想成長率がこれから3年間、毎年6％程度の伸びに対し、個人消費はこれから4－5年間、毎年13％成長が予測されています。また個人融資は毎年30％超、法人融資は40％超の伸び率とのこと。もの凄い成長率ですよね。

宗　近　個人ローンの融資に必要なのは雇用証明ぐらいで、かなり緩いようですが、不思議と、ほとんど焦げつきがないようです。むろん、金利はルーブル建で10数％ですが、ロシア人は、月割りの返済額を給料などのキャッシュ・インと突き合わせて、その範囲内で欲しいものを購入するという消費型行動パターンにシフトしています。

著　者　なかなか堅実に聞こえますが……。

宗　近　それでも、銀行口座を持つロシア人は4人に1人、クレジット・カードを利用しているのは10人に1人というのが実情ですから、ロシアの銀行の信用創造機能、金融仲介機能はまだまだ、発展途上にあると言えます。

著　者　個人ローン残高を見ても、人口1人当たり平均200ドル、住宅ローンではわずか70ドルという状況だそうです。

宗　近　つまり、潜在性の高い金融市場なわけです。また、ロシアではサービスという発想が未発達で、サービスを提供すべき側が、逆に、優位な立場を乱用して、いじわるすることさえあります。そんな中、私どもユーラシア三菱東京UFJ銀行は、外資100％としては、

50番目の銀行として昨年5月に国家登記、8月にライセンスを取得しました。手前味噌ですが、私どもの中核の人材は、すべて大手外銀の現地法人で商業銀行の修練を積んでおり、全員が英語堪能、いわゆるCSの精神を前面にだして、開業以降、ご融資、内外決済、資本金送金等をお取扱いさせてきていただいております。

著者　絶妙なタイミングで進出されたわけですね。最後に宗近さんのモスクワ駐在生活について一言いただけますか？

宗近　私は2001年8月からのシカゴでの4年間に続いて、モスクワでも単身赴任です。先日、通称「単身会」という集まりに出かけてみると、20名ほどの社長や所長がお集まりなんですね。モスクワの日本人コミュニティーは1,300人。このうち、ビジネスマンはせいぜい200人強といいますから、その10分の1ですね。で、まず「不平不満大会」で盛り上がります。入国管理など、何かと排外的な風土、悪徳警官への賄賂、税務当局の横暴、運転マナーの悪さ、などなど。これで宴会の過半が過ぎていきます。それでも、皆さん、憤りをぶつけながら、けっこう明るいんですよね。

　それは、事業環境は手ごわいけれど、ビジネスには、成熟した西側世界にはないパワーがあるからなんです。何といっても、モノが売れます。日本製品の品質は、高く評価されています。西側世界の常識に立つふりをして、ロシアをこき下ろしているんですが、実は、このワイルドなロシア市場でのビジネスを楽しんでおられるんだな、という気がします。良いものが欲しい、それを所有して気持ち良いおもいをしたい、という資本主義に通じる素朴な欲望から発生するダイナミックな現場に立ち会っている感じが、きっと心地よいのでしょう。

著者　なるほど、「モスチョン」の方々の目が輝いて見えるのはそのせいなんですね。もう一つの理由としては、ロシア人という要因が挙げられないでしょうか。一般化はできませんが、それでも一部

の極右の人たちを除くと、ロシア人って、平均的に、英米人よりもはるかに我々に対して好意的ですよね。接していて、「やっぱり自分は顔形が違う東洋人なんだなあ」という惨めな気分に陥る頻度が驚くほど少ないのです。宗近さんも長年英米人と仕事をしてきたので、私の言わんとしていることがおわかりいただけるかと思いますが、よい意味で、人たらしのロシアという要因も案外小さくないのかもしれません。

宗近　同感です。さて、今後の「光と影」ですが、来年3月の大統領選挙に向けた政治的流動要因を考慮しても、マーケットは引き続き成長力を維持、1998年のようなクランチのリスクは低下、ビジネスは基本的に「光」の中を展開すると予想されます。

著者　1998年の時の外貨準備高はわずか80億ドルでしたからね。今は3,000億ドルを超えています。しかも、2004年に原油価格依存型経済からの脱却目的で設立された安定化基金も、残高が1,000億ドル（12兆円）を超えていますからね。

宗近　そうですね。しかし、それはまばゆさに目を閉じることなく、法規制の変更などを含めて、流動的な投資リスクをきっちりマネージするという前提の下での「光」です。その意味で、PwCさんのような専門家とがっちりタッグを組みながらリスクを低減していく、「攻めのコンプライアンス経営」の姿勢が大切ではないでしょうか。そのような環境のなか、弊行は、お客様と共にロシアビジネスの「光と影」を共有して参りたい、少しでもお役に立ちたい、と願う次第です。

著者　今日はお忙しい中、ありがとうございました。

第6章　付加価値税

1　概　観

ロシアでは1992年より付加価値税制が導入された。導入当初はEU付加価値税制との制度上の差異は大きかったが、以来、徐々に制度の違いをなくす方向で修正が行われてきた。しかしながら、実務上、輸入VATを含めた、仕入VAT全般の現金による還付申請が著しく困難な点など、ロシアで事業を行う上で日系企業が留意すべきVAT法上の点がいくつかある。

2　課税計算

細部の違いはあっても、概ねEUのVAT制度と大きな差異はないと考えておいてよい。商品の販売やサービスの提供において、発生主義に基づく売上VATの計上が要請され、売上VATと仕入VATの差額が、申告額となる。

また、金融サービスや無償修理等の製品保証サービスなど、VAT非課税売上に対応する仕入VATは控除できず、企業にとってはコストとなる。このため、非課税売上項目がある場合は、全体の売上に占める比率につき、事前に分析を行うことが必要である（ただし、非課税売上が全体売上の5％以下の場合には、仕入VATの全額が控除可能となる）。

3　課税標準と適用税率

VATは原則として、製品やサービスの供給地で課税される（供給地課税の原則）。したがって、ロシア国内で行われる取引が、原則として、ロシアVATの対象となる。

この点、提供するサービスが、コンサルティング、マーケティング、広告、情報プロセシング等である場合、顧客が非居住者であれば、当該サービスはロシア国外で提供されたものとみなされ、VAT非課税となる。

　なお、VAT納税者は、内国法人、外国法人の支店・駐在員事務所、個人事業主等（小規模事業者を除く）である。

【ロシアの付加価値税率】

種　　　類	税率（％）
標準税率	18
食料品、子供用品、医療サービス等	10
輸出対象品目と関連サービス等	0

　なお、外国法人のロシア支店・駐在員事務所の事務所賃貸料は、投資家の居住国によってはVAT非課税となるが、日本の場合、日本に事務所を置くロシア企業に対して同様の規定を設けていないため（レシプロ規定の欠如のため）、VAT課税対象となる。

4　VAT登録

　EU諸国のように特にVAT登録という独立した制度はなく、外国企業がロシアに進出した際に、まず税務登録を行うが、その時に同時にVAT登録も完了する。

　なお、ロシアで税務登録を行っていない外国企業（非課税駐在員事務所等）は、原則として、仕入VAT還付申請を行うことができない。還付申請を行うには、まず税務登録が必要だが、その結果、税務調査が入るため、PE認定リスクが高まるなどのデメリットがある。

5　申告と納付

ロシアの付加価値税申告ならびに納税は、原則として月次であり、翌月20日までに行わなければならない。

ただし、小規模事業者には四半期申告・納税を認めており、日本企業のロシア駐在員事務所の場合（売上ゼロ）、四半期ごとに「ゼロ申告」を行う必要がある。

6　還付申請

仕入VATの還付申請には、請求書上に必要事項がすべて網羅されていなければならない（請求書の形式については、付加価値税法に詳細な規定があり、それを遵守しなければならない）。このため、サプライヤーに対し、規定の形式で請求してもらうようにするなどの内部管理を徹底する必要がある。特に、輸出など免税率（0％）の供給にかかる仕入VATの還付を受けるためには、多数の関連文書を当局に提出する必要があるので、文書管理が肝要である（契約書、関税申告書、輸出関連書類など）。いずれにせよ、形式上の些細なミスが還付否認につながるのが、ロシアの特徴といえよう。

実際、VAT還付ポジションにある輸出や、仕入VATが売上VATを上回っているケースでは、理論上は、現金による還付を受けたり、あるいは当期もしくは将来の売上VAT（またはその他の連邦税）との相殺が可能ではあるが、現金還付を受けるのは極めて難しいのが実情である。

なお、2007年より、VAT還付を行う前に、当局は机上税務調査を行うことになった（当局は、机上調査終了から7日以内に還付の可否について

決定しなければならない）。

　また、輸入 VAT の還付申請手続については、注意が必要である。輸入 VAT は、国内 VAT と異なり、関税当局に対して支払う。このため、実務上、特に問題となるのが、関税当局に輸入 VAT を支払った事実を税務当局に証明することが困難なことが多い点である。というのは、通常、輸入の際は、関税当局に対し、関税、輸入 VAT および通関手数料等を含めた合計額を、特に内容について書面上明確に区別せずに事前に支払うため、後日、輸入 VAT 支払に関する詳細を税務当局から求められた際に提出できない可能性があるからである。

7　輸入 VAT の免除

　工場設備等を現物出資した場合、輸入 VAT（および次章で述べる関税）の免除が受けられる場合がある。原則として、「生産用機械・技術装置」と認定された場合に、免除を受けることができる。ただし、ロシア法令上には上記「生産用機械・技術装置」に関する明確な定義は存在しないため、関税当局が発行するリストに基づき判定される。このため、実務上は、該当資産のスペックや該当する関税コード等の詳細を吟味した上で、リストされている資産項目に該当するか否かを判断する必要がある。該当しない場合、当局との個別交渉が必要となる。また、関税当局は保証金の差し入れを要求する可能性があり、その場合、関税当局が輸入 VAT 免除の可否の判断を下すまでは、還付が行われない点に注意を要する。なお、本件は複雑なため、具体的に適用を検討する際は、事前に専門家に確認を取るなど慎重な対応をお勧めする。

第7章　関税と通関制度

1　概　　観

　ロシアでは、多くの物品の輸入に際し、輸入関税が適用される。原則として、輸入関税は関税評価額を基準とする従価税（ad valorem）の形で課されるが、場合によっては従量税が適用される場合もある。また、物品によっては、従価税と従量税を折衷した形（混合税）で課される場合もあるため、課税標準の算定方法はさまざまである。関税評価額算定方法は、GATT および WTO 規定の基本原則に則っている。

　関税率は、アルコール類に適用される100％から、印刷物、機器等の優遇税率対象品目に適用される０％まで、多岐にわたっている。なお、平均税率（レンジ）は、関税評価額に対して５％から20％と言われている。

　関税はコストである。関税コスト削減、資金繰りの改善および通関手続の確実性の観点から、最適な関税評価方法および通関手続を選択する必要がある。

2　関税免除対象品目

　以下の品目については、関税が免除される。
(1)　現物出資の対象資産（条件あり）
(2)　通貨貨物
(3)　私的使用のための輸入貨物（ただし、総価額が2,400ドル以下、かつ総重量が35キロ未満であること）
(4)　芸術品等
(5)　輸入制限を超えない量の貨物
(6)　旅客や貨物を国際輸送する交通機関

(7) 人道的援助　等

　物品はロシアのHS品目分類コード（国際HS分類に準拠）に沿って、97種類に分けられる。また、国ごとの関税率については5種類あり（最恵国待遇対象国、CIS諸国、発展途上国等）、日本については、「基本税率」が適用される。また、CIS諸国からの輸入については、一定の条件を満たせば、関税は免除される。また、発展途上国については、「基本税率の75％」が適用される。

3　輸出関税

　現在、原油、木材などの一部の原料等について課されている。

4　WTOとロシアの関税

　WTOの加盟時期は未定だが、加盟後は多くの品目で関税率が引き下げられる予定である。
(1)　自動車：現行は25％。加盟後5年間は、現行税率を据え置き。その後2年間で15％まで引き下げる予定。
(2)　ＩＴ機器（コンピューター等）：加盟後3年間で0％まで引き下げる予定。

　また、現在、連邦政府が頭を痛めている「グレー通関」（通関価格の過少申告行為のこと：特に、家電業界等で問題が深刻化している）問題についても、加盟後は大幅に改善されることが期待されている（ただし、完全になくなることはないかもしれない）。

　（参考）　連邦関税局：www.customs.ru

5　現物出資と関税免除

外国人投資家が生産機械・装置等を輸入し、設立資本として現物出資する場合には、関税（およびVAT）が免除となり得る。

〈関税免除要件〉
① 外国企業が現物出資目的で拠出した資産であること
② 当該資産は物品税の対象資産ではないこと
③ 現物出資は法定の手続および期限に従ったものであること
④ 当該資産は「生産用機械・技術装置」の条件を満たすこと、すなわち当該資産とは次の要件を持つもの
　(i) ロシア会計法規定の固定資産リストに含まれている
　(ii) 少なくとも1万ルーブル以上の取得価額である
　(iii) 耐用年数が1年以上である
　(iv) 貸借対照表上の固定資産に計上されている
⑤ 法令に基づく必要書類が整備されていること

このため、例えば、部品ごとに別々に輸入した場合、上記規定の適用が受けられず、「生産用機械・技術装置」とみなされない可能性がある。他にも、資本金の払い込み期限前に輸入を行う等、一定の条件を満たす必要があるため注意が必要である。

なお、関税およびVATの免除を受け、工場が稼動した後に、関税当局により定期的な税務調査が入る可能性がある。その際、もし免除申請時の使用目的と異なる目的で当該機械装置が使われていたり、既に廃棄または売却されていたことが発覚すると、関税とVATの免除は遡及的に無効と

なり、免除額の全額を支払わねばならなくなる。このため、免除後も適切な文書化やモニタリングが不可欠と言えよう。

6　機械設備の輸入と関税免除

　一部の機械設備の輸入について関税が免除される可能性があるので、適用の可否を検討すべきであろう。対象は700項目におよぶ機械設備である。原則として、2007年6月30日までの時限立法だが、延長の可能性がある。
　このため、工場用の機械設備等を海外から輸入調達する際、まず資産リストを作り、該当する関税率や関税コードを調べ、次に、免除を受けるための関連費用（コンサルタントの費用等）を概算する。そうして費用対効果を確認し、免除申請を行うべきであろう。
　なお、免除対象資産は多岐にわたるが、冷・暖房設備、建設機械、洗浄設備、工作機械、ボイラー等が含まれる。

7　通関制度

1　輸入通関手続
　ロシアにおける輸入通関時に提出しなければならない、主たる書類は以下の通りである。
　(1)　契約書
　(2)　税関申告書
　(3)　関税評価額の証明書
　(4)　運送書類
　(5)　船積み明細書
　(6)　包装明細書

⑺　輸入証明書

⑻　特恵原産地証明

⑼　輸入物品が国内法令により検査対象である場合は、検査登録証等

⑽　請求書

⑾　その他関連法により求められる文書

2　輸入管理制度

下記の商品を扱う業者は、ロシア国内に輸入するためにライセンス取得が要請される。

⑴　植物保護のための化学薬品

⑵　暗号解読機器等

⑶　アルコール

⑷　ウォッカ、濃度28％を超えるアルコール飲料

⑸　軍事用機器およびその製造に用いられる技術、資材等

⑹　火薬、爆発物等

⑺　原子力関連物質、技術、機械とその設置、特定の非原子力物質、放射性物資（放射性廃棄物を含む）

⑻　麻薬、向精神薬

⑼　毒物

⑽　その他

3　保税倉庫

保税倉庫の利用により、輸入関税やVATの支払いを、貨物の最終到着地が決定するまで繰り延べることができるため、輸入者にとってはキャッシュ・フロー上のメリットがある。

保税倉庫では、特定の物品を除き、原則として最長3年間まで保管する

ことができる。ロシア関税法上、以下を除くすべての物品を、保税倉庫で保管することができる。
1．ロシアへの輸入が禁止されている物品（武器、原子力関連物質、麻薬および向精神薬）
2．外国貿易に関する法令で輸入が制限されている物品（主として物品税の対象となる物品）
3．保存期間が180日以下の物品

　税関の許可を受ければ、保税倉庫内で再包装、品質保持および試験等の活動が認められる。保税倉庫内の貨物は、原則として、その貨物の所有者が管理義務を負い、事前に書面にて税関に通知した場合にのみ、売却または廃棄することができる。

　また、保税倉庫内の貨物は、保管期限内に出庫（自家消費、あるいは輸出等）しなければならない。保税倉庫の所有者は、税関の許可なく貨物を喪失、譲渡した場合には、その貨物にかかる関税を支払う義務を負う。

現地インタビュー
【ロシアの達人③】
「ロシアは感性で理解するべし」

池田正弘氏（社団法人ロシアNIS貿易会・モスクワ事務所長）にインタビュー。

著　者　池田さんは、たしか大学でロシア語をやって以来、ずっとロシアに興味を持ち続けてこられたんですよね。

池　田　高校時代にトルストイと出会って、衝撃を受けたことが大きかったとおもいます。私は本を読み返さない主義なのですが、あの頃読んだ感動が今でも持続しているのは、やはりトルストイの偉大さだとおもうんですよ。

著　者　どういうところが凄いとおもわれるんですか？

池　田　「人間はどうやって変わっていくのか」を、あそこまでリアリティーをもって描けた人はいません。ロシア人の友人なんかも、『戦争と平和』にでてくるナターシャなんて、まさにロシア女性の典型だ、って言っていますよ。私は「トルストイはエベレスト」なんて言っていますが、人類史上最高の作家と言っても過言ではないでしょう。

著　者　なるほど。さて、お仕事でのロシアとの関わりはいつ頃に遡るのでしょうか？

池　田　大学卒業後、1976年に当時のソ連東欧貿易会に入った時からですので、かれこれ31年ですか。翌年の1977年には初めてソ連に2週間ほど出張しました。

著　者　実際にソ連をご覧になって、驚かれましたか？

池　田　特に驚きはなかったですね。日本にいた頃から、いろいろ情報を

集めておったので、想定内といいますか、びっくりするようなことはなかったんです。むしろ、1990年代のほうが、驚きの連続でした。崩壊は誰も予想できなかったわけで、初めてロシアというものが目の前に現れて、正直戸惑いました。

著　者　どういうことでしょうか？

池　田　ソ連時代は15共和国の平等な発展とソ連人としてのアイデンティティーの確立が原則でしたから、「ロシアらしさ」みたいなものは、もちろんその頃からあったのですが、極力表に出さないように統制されていたのでしょう。共産党の幹部の面々を見ていても、ロシア人ばかりではなく、グルジア人のスターリンだとか、アルメニア人のミコヤンだとかいましたからね。だから、ロシアの旗を見ても、最初は誰も認識できなかったほどなんです。

著　者　そういう意味では、ロシアという新しい国との遭遇だったわけですね。他にどんな変化に驚かれましたか？

池　田　民族意識が高まって、旧ソ連のウクライナやベラルーシなどで、反ロシア語の動きが活発化した点ですかね。それから、ソ連時代は、原則として（党員になるには）宗教禁止だったのですが、ソ連崩壊と共にキリスト教が盛んになり、誰もが洗礼を受け始めたのは特筆に値するでしょう。

著　者　70年間禁止されていても、きっとロシア人の心の中では、精神的なバックボーンとしてずっと存在し続けたんでしょうね。

池　田　そうですね。それから、ロシアにおける変化っていうのは、激しくて速い点です。例えば、1917年のロシア革命にしても、誰も事前に予測できなかったし、何かがダメとなると、一気に変わってしまうのです。一方で、ソ連崩壊時の印象が、ロシア崩壊に対する恐怖心として人々の心の中にあるような気がします。だからこそ、強いリーダーを国民は求め続けるのでしょう。大きな力でまとめないとバラバラになってしまう危機感が潜在的にあるのでは

ないでしょうか。

著者　正に「砂の社会」のいわれですね。さて、好況にわく現在のロシアをどうご覧になりますか？

池田　この地では、ロシア革命前には十分に資本主義が機能していたわけですから、むしろソ連時代の70年間がエクセプションだったともいえるわけです。その意味で、最近思うのは、「ソ連らしさ」が急速に消滅している点です。レーニンの像も壊される予定ですし、ソ連時代の典型的な建物もどんどん取り壊されて、西欧的な建築物に変わってきています。あと10年もしたら、それこそソ連邦は何だったのか、わからなくなっちゃうんじゃないですかねえ。

著者　なるほど。さて、池田さんのモスクワ駐在は今回で2回目だそうですが、前回と今回では印象としてどう違いますか？

池田　1回目の駐在は、1991年から1996年までで、たしかに経済は混乱していましたが、家電等日本製品は当時からかなり売れていましたね。韓国企業が出遅れたせいもあり、まさに日本の独壇場でした。98年には危機の影響で落ち込みますが、2001年からの2回目の駐在のすぐ直後の2002年、2003年には、既に1998年レベルを回復し、それからはまっしぐらに右上がり成長が続いている感じです。

著者　「モノ作り」のDNAがないので脆弱な経済ではないか、という指摘をする人もいますが。

池田　そういう人は、一度石油採掘所とかに行って実際に現場をご覧になるといいでしょう。シベリアだとか気候条件の厳しい土地で、ただ資源を取るというわけにはいきません。さまざまなテクノロジーを駆使して、効率的に資源を採掘する力は、日本のモノ作りDNAに相当するものだと、私個人は考えています。

著者　池田さんにとって、ロシアの人たちって、一言でいうとどんな人たちでしょうか？

池　田　ウェットな人たちですよね。何かすると返してくれる。義理人情というか、恩というか、そういうものを大切にする人たちです。だから、白人の中では、我々日本人にとって、かなりつきあいやすい人たちと言えるでしょう。それから、マスコミの影響で、オリガルヒ（政商）だとか、ド派手な生活や財力ばかりクローズアップされてきた結果、「ロシア人＝成金」みたいなイメージが日本人の心の中にもあるようですが、普通のロシア人っていうのは、まだまだ清貧の人たちで、物質主義にどっぷり浸っているわけじゃないんです。例えばこの前、知り合いの若い夫婦が、孤児院から5歳の障害児を引き取って育てることにしたんですが、日本だったら考えられないですよね。決して豊かなカップルではないし、小さな子供が2人もいるのです。むろん、こういう人たちばかりではないし、悪人もいるのですが、善意に接する機会は今の日本や欧米よりも頻度的に高いとおもいます。

著　者　そういう面はあまり知られておらず、どうも今でも冷戦時代の印象を引きずっている日本の方が少なくないような気がします。

池　田　ある意味でそれは仕方ないんです。歴史上、日本とロシアの間って、ほとんど良いことが起きていないんです。訪日した皇太子ニコライに巡査がいきなり斬りつけて傷を負わせ、翌日明治天皇がじきじきに謝罪に行った大津事件の時なんかも、ロシアの対応は大人物のようで「死刑にしないでくれ」と言ったそうですが、日本側のロシア警戒感の大きさを如実に示していますし、その後の日露戦争は言うまでもなく溝を大きくしました。また、1917年のシベリア出兵の頃、日本ではあまり知られていませんが、日本軍は極東共和国なんていうのを作ったものですから、ロシア側では悪い記憶として残っているわけです。それからノモンハン事件、第二次世界大戦の終結と北方領土問題、シベリア抑留などなど、こういう歴史がある以上、ソ連警戒感がなかなか解けないのは、

仕方ないですよねえ。だけど、それはそれ、これはこれ。ビジネスは別に考えればいいのです。

著者　最後に、これからロシアに投資を検討されている日本の方に一言お願いします。

池田　ロシアって誰もわかんないんです。だからまずはロシアに来て欲しい、実際に来て自分の目で見て欲しい、とおもいます。ロシア人は日本が大好きです。革命前から好きで、例えばチェーホフのいたヤルタには日本の有田焼を売る店が当時3軒もあったそうです。また、日本の伝統芸能や武道に対する関心の高まりも、現地にいて、ひしひしと感じます。そういう意味で、これからいらっしゃる日本企業の駐在員さんなんかは、伝統芸能の知識をおさらいしてからいらっしゃるのがいいでしょう。それに加え、武道の知識があれば、例えば柔道や剣道のクラブに所属して、そこからビジネス上の人脈を開拓していくことも可能なのです。

著者　なるほど、チュッチェフの「ロシアは理性では理解できない」というコトバは今でも通用するわけですね。今日は、休日にもかかわらず、どうもありがとうございました。

第8章　投資優遇税制

1　地方における投資優遇制度

　ロシアには、チェコ、ポーランド、ハンガリーなどの中欧諸国にみられる大規模な優遇税制は存在せず、地方政府の裁量で、下記のような税務上の優遇措置が設けられている。
　① 　最高4％を上限とする法人税の軽減措置
　② 　固定資産税の減免措置
　③ 　土地税、輸送税の減免措置

【サンクトペテルブルク地方の優遇税制度】

投　資　額	優遇税制度	適用期間
1億5,000万ルーブル〜3億ルーブル	・法人税率を22％に軽減 ・固定資産税率1.1％に軽減	3年間
3億ルーブル〜30億ルーブル	・法人税率を20％に軽減 ・固定資産税率1.1％に軽減	3年間
30億ルーブル以上	・法人税率を20％に軽減 ・固定資産税は免除	5年間

2　特別経済地区

　90年代には、エリツィン政権下における無秩序な地方分権化政策のもと、多数の経済特区が設定されたが、プーチン政権になると、カリーニングラード州とマガダン州を除いてすべて廃止された。
　その後、2005年7月22日の連邦法に基づき、2006年にロシア国内にいくつかの経済特区が生まれた。この背景には、プーチン政権による、「強い

ロシア」の建設という大義（資源依存型経済からモノ作り国家への転換）と中央集権強化（連邦主導の統一的な枠組みの制定と新設の連邦経済特区管理庁による管理）がある。

　経済特区には工業生産特区、技術導入特区、観光奨励特区の3種類があるが、現時点で認定された経済特区は以下の通りである（観光特区を除く）。

種　　類	所　在　地	事業分野
技術導入特区	サンクトペテルブルク市	ITなど
技術導入特区	モスクワ市ゼレノグラード区	マイクロエレクトロニクスなど
技術導入特区	モスクワ州ドゥブナ市	核技術など
技術導入特区	トムスク州トムスク市	バイオ、化学など
工業生産特区	リペツク州グリャジ地区	家電生産、家具生産など
工業生産特区	タタールスタン共和国エラブーガ地区（タタール語でアラブーガ）	自動車部品生産など

　工業生産特区では、最低1,000万ユーロの投資を行わなければならない（初年度には少なくとも100万ユーロ）。なお、すべての特区は最長20年間にわたって設けられており、関税およびVATは特区内で免除される。

3　サンクトペテルブルク市・経済特区の投資優遇制度の例

　サンクトペテルブルク市の経済特区の投資優遇制度では、次のようになっている。

税金の種類	優遇制度	適用期間
法人税	20％の軽減税率の適用、研究開発費に関しては無制限に損金算入可能	経済特区における活動許可証の有効期間
社会保障税	26％の最高税率を14％に軽減（逆進課税方式）	経済特区における活動許可証の有効期間
VAT	経済特区に輸入される物品について0％VAT税率（免税率）の適用	―
固定資産税	免除	5年間
土地税	免除	5年間
輸送車両保有税	免除	5年間

4　カリーニングラード州経済特区

　ロシアの飛び地であるカリーニングラード州（北西部連邦管区）は、ロシア連邦にとって、地政学的観点から重要性をもつ連邦構成体である。1993年以来、全域が経済特区と認定され、1996年には連邦法で「カリーニングラード州特別経済地区法」が制定された。プーチン大統領夫人がこの地の出身ということもあってか、大統領の思い入れは強いようで、2006年には新たな連邦法を制定し、テレビをはじめとする家電や自動車関連の組み立て工場を積極的に誘致し、モノづくり国家への転換を図っている。

(1) 優遇税制の適用を受けるには3年間で1億5,000万ルーブル以上の投資を行わなければならない。
(2) 外国から州内への輸入については、関税と輸入VATが免除される。
(3) 法人税と固定資産税については、活動開始後6年間は税率ゼロとし、7年目から12年目までは、税率が半分に軽減される。

第9章　個人所得税

1　概　　観

　ロシア人、外国人にかかわらず、ロシア個人所得税法上の居住者の認定においては、原則としてロシアにおける滞在日数が連続する12か月間で183日を超えた時点で、居住者として認定される（本籍や市民権の保有等の要因は関係ない）。居住者の判定において、2006年末までは暦年が採用されていたが、2007年導入のこの新規定「連続する12か月間」の実務上の解釈を、当局はまだ公表していない。

　居住者の場合、暦年における全世界所得が個人所得税の課税対象となる。一方、非居住者については、所得の性質にかかわらず、ロシア国内源泉所得（賃貸料所得やロシア法人からの配当収入等）が個人所得税の課税対象となる。

　なお、理論上、個人所得税の還付請求は容易なはずだが、実務上は、法人税やVATと同様、かなりの時間を要し、還付されないこともある。また、現金による還付の代わりに、将来発生する税額と相殺されることもある。

2　所得税額の算定

1　課税所得

(1)　給与所得

　課税年度（暦年）内に支払われた給与、賞与その他の報酬を意味し、現物給与も含む。外国駐在員・出向者については、これらの所得に加えて、雇用者が負担する海外赴任手当やその他の手当（住宅手当、教育研修費、本人ならびに家族のホームリーブ等）も課税所得に含まれる。なお、現物

給与は、原則として、市場価額に基づき算定される。

(2) **キャピタルゲイン**

ロシアではキャピタルゲイン課税という独立した税制はなく、法人税計算の一項目として扱われる。資産の売却により発生する譲渡益は、売却価格と取得価額の差額として算定され、その他の所得と合算され課税される。ただし、一定の条件を満たす場合には、非課税所得として取り扱われる（後述「非課税所得」参照）。

(3) **その他の課税所得**

給与所得、キャピタルゲイン以外の課税所得として、次のものがある。

① ロシア国外の預金利子
② ロシア国内の預金利子等のうち一定額以上
③ 株式配当所得
④ 使用料
⑤ その他の所得（例：雇用者からの貸付金の利率が通常の市場利率より有利に設定されている場合の差額部分等）

2 非課税所得

非課税所得には、次のように分類される。

(1) 一定額までの人事異動等に伴う引越し経費等の立て替え分（雇用者からの精算部分）ならびに関連手当
(2) 職務上に発生した疾病等に関して雇用者から支払われた補償金
(3) 一定額までの出張旅費等
(4) 特定の保険金収入
(5) 一定額までの預金利子所得
(6) 保有期間が3年を超える個人住居の売却もしくは保有期間が3年未満でも売却益が100万ルーブル以下の場合、キャピタルゲインは非課税

（3年未満の保有で売却益が100万ルーブル以上の場合は100万ルーブルまでは非課税）

(7) その他

3 所得控除

所得控除は、以下のような制度になっている。

(1) 個人基礎控除：年間所得が20,000ルーブルに満たない納税者の場合、本人については月額400ルーブル、家族1人当たり月額300ルーブルの人的控除が受けられる。

(2) 一定の条件を満たす慈善寄付金（総所得額の25％を限度額とする）

(3) 一定の条件を満たす住宅購入もしくは住宅建設の費用については100万ルーブルを限度に控除可能。また、住宅購入、建設を目的とした借入金の支払利息については控除額限度なし。ただし、一度限りとする

(4) 納税者本人もしくはその子女にかかる教育費および医療費等（ただし、それぞれ50,000ルーブルを限度額とする）。さらに、「高額医療費控除」もあり、この場合は限度額はない

(5) その他

3 税　　率

ロシアにおいては累進課税制度は採用されていない。原則として居住者に対しては定率13％が一律に適用される（フラット・タックス制度）。ただし、以下の所得についてはそれぞれ異なる税率が適用される。

① 配当所得（居住者）……………………… 9％
② 非居住者のロシア源泉所得……………… 30％
③ 一定額を超える銀行預金利息や保険金等…… 35％

4　申告と納付

　原則として、雇用者は従業員の個人所得税を毎月源泉徴収する義務がある。この義務を怠った場合、雇用者には罰科金が課される（税額の20％と延滞利息）。

　なお、ロシアにおいて税務登録している外国企業（PE）の源泉徴収義務の有無については、法令が不明瞭だが、実務上は源泉徴収義務を実施している外国企業が多い。また、納税者登録していない駐在員事務所には源泉徴収義務はなく、各駐在員に申告義務がある。夫婦の合算申告は認められていない。

　税務申告は、所得年度の翌年の4月までに行わなければならない（ただし、駐在員帰任時には、帰任時税務申告書を提出しなければならない）。また、納付については、原則として所得年度の翌年の7月15日までに行わなければならない。

5　その他の個人にかかる税制

1　贈与税ならびに相続税
　ロシア人、外国人にかかわらずロシア国内に所在する資産を贈与もしくは相続する場合は、贈与税もしくは相続税が課される。適用税率は譲渡対象物の価値、譲渡者・非譲渡者間の関係に基づき、最大40％までの税率が適用される。ただし、配偶者間の譲渡については適用除外となっている。

2　固定資産税
　ロシア居住者（ロシア人もしくは外国人）が保有する固定資産に対して

課される地方税。固定資産、不動産等の平均純資産価額に対して最大2.2％にて課税される。モスクワおよびサンクトペテルブルク地区では2.2％。土地、天然資源等については課税対象外。

3　輸送車両保有税

車両、バイク、バス、航空機、船舶等ロシアにおいて登録されているあらゆる輸送車両の所有者（個人を含む）に対して課される。輸送車両の馬力、重量等の基準に基づき、課税標準ならびに税率が決定される。申告ならびに納税手続は各地方政府の裁量にて決定されるが、例えばモスクワ地区では、毎年の申告ならびに納税手続が必要となる。

第10章　社会保障税

1　概　観

ロシアにおいて登録されているすべてのロシア企業ならびに外国企業は、従業員の雇用に関して社会保障税（UST）の納税義務がある。ロシアの社会保障税は、各従業員の給与、賞与ならびに現物給与等の総額に対して、以下の逆進課税方式で算定され、雇用者のみが負担する制度である。課税額は、各従業員ごとに計算される。

2　適用税率

下記の所得バンドごとに逆進課税制度が、上限なしで適用される。
(1) 年間給与額280,000ルーブル以下の場合　　26％
(2) 年間給与額280,001ルーブルから600,000ルーブルの場合
　　固定税額72,800ルーブル＋280,000ルーブル超過部分に対して10％の課税
(3) 年間給与額600,001ルーブル以上の場合
　　固定税額104,800ルーブル＋600,000ルーブル超過部分に対して2％の課税

ちなみに、上記は逆進課税方式のため、実効税率がわかりにくいが、参考までに1,000万円（8万ドル）程度の所得に対する実効税率は6％程度である。

なお、社会保障税は、連邦予算（年金）、社会保険、医療保険の3つの要素から成っている。また、2007年度より、ITセクターに対する社会保障税制上の優遇措置が導入された（詳細は割愛）。

3　申告と納付

　ロシアの社会保障税は、四半期ごとおよび年ごとの申告と月ごとの納税が必要となる。四半期申告書の提出期限は、四半期末より20日以内。年次申告書の提出期限は翌年の3月30日までとなっている。
　また、納付については、月次の予納が求められており、翌月の15日までに毎月納付しなければならない。また、四半期末より15日以内に調整納付を行い、最終調整納付は年末より15日以内に行う。

4　厚生年金保険

　社会保障税（UST）同様にロシアにおいて登録しているすべてのロシア企業ならびに外国企業は、その従業員について厚生年金保険料の納税義務が義務づけられている。
　社会保障税同様、逆進課税方式で各従業員の給与、賞与ならびに現物給与総額に対して適用され、雇用者のみ負担が要請される制度である。なお、厚生年金保険料は社会保障税の連邦予算相当分から控除することができる。

5　労働災害補償保険

　従業員の就労にかかる事故、疾病等の災害保険への加入が雇用者に義務づけられている。社会保障税（UST）と同じく、各従業員の給与、賞与ならびに現物給与総額に対して適用され、雇用者のみ負担が要請される制度である。適用税率は0.2％から8.5％の範囲にて設定されている（雇用者の事業活動内容・リスクにより適用税率は異なる）。

現地インタビュー
【ロシアの達人④】
「好き嫌いは別として尊敬に値する人たち」

大橋巌氏（JETRO モスクワ事務所長）にインタビュー。

著　者　大橋さんは、たしか大学でセルボ・クロアチア語を学ばれたんでしたね。

大　橋　いやいや。僕は高校の時にユーゴスラビアに興味をもって、セルボ・クロアチア語を学びたかったんですが、当時、「まずはロシア語」という空気でしたので、大学では嫌々ロシア語を学びました（笑）。当時は「ロシア語枠」というのが商社などにあったんですが、僕は JETRO のベオグラード事務所に赴任するつもりでこの会社に入りました。

著　者　ロシアとの仕事での関わりというのは、いつ頃からですか？

大　橋　1984年に海外調査部でソ連担当になって以来ですか。当時はチェルネンコの時代でしたが、翌年1985年に亡くなって、ゴルバチョフの時代の幕開けです。初めての駐在は1991年から98年の危機の直前までで、2回目が2001年の暮れからです。

著　者　体制転換の時のロシア人はどんな感じでしたか？

大　橋　変わり身は速かったですね。我先という感じで、優秀な人は外資との合弁企業に移ったり、官僚を続ける人たちは、崩壊しつつあったソ連邦から隆盛著しいロシア連邦共和国の官庁に移っていきました。

著　者　なるほど。ところで、大橋さんにとって、ロシアで働くことの喜びって何でしょうか？

大　橋　三つあります。第一に「世界観が変わる」ということです。視野

が著しく広がると言ってもいいでしょう。日本の教育では、ロシアとかCISって、地理でも歴史でもあまりカバーされない地域ですよね。ここに何があって、どんな人たちが住んでいるのか、どういう文化や宗教があるのか、そういうことを普通の日本人はまずイメージできないんです。僕もここに住むまではそういう状態でした。ロシアって、まさに東西文化・文明の境界線上にあるんです。例えば、「ユーラシア」というコトバひとつとっても、日本では「ヨーロッパ＋アジア」という理解なのですが、ロシアでは「ヨーロッパとアジアの中間」という風に捉えられているんです。だからこそ、ヨーロッパ的でもなく、アジア的でもないロシアという存在、そしてそこに住む人たちが、ロシア文学のモチーフになっているんではないでしょうか。

著　者　ポーランド人のポミアンという歴史学者が『ヨーロッパとは何か：分裂と統合の1500年』という本の中で、民族・言語・宗教の寄木細工であるヨーロッパを論じているのですが、たしかあの中でも、ロシアはヨーロッパの一部とは考えられていないようです。さて、ほかにはどんな点が「喜び」でしょうか？

大　橋　二番目は、ロシア人のスケールの大きさに接することで「発想の幅が広がる」、「人間が大きくなる」点でしょうか。

著　者　つまり、英語でいう Think out of the box.（既成の枠にとらわれずに考える）というのが、ロシア人は上手ですね。

大　橋　ええ、そうです。会議などでブレストしていても、突如として奇抜なアイディアを出してきたりするのです。むろん、馬鹿げたアイディアもあるんですが、とても自分だけでは思いつかないような、独創的なアイディアに唸らされることが結構あります。それから、彼らと田舎にいくじゃないですか、するとアウトドアの暮らしにやたら精通しているんです。我々日本人は総じてダメですが、彼らは魚を釣ってきたり、動物を狩ってきたり、キノコを

採ってきたり、とにかく晩飯になりそうなものを自然の中から躊躇なく見つけてくるんです。生命力っていうんですかね。とにかくバイタリティーがあります。

著者　要は「人間力」、つまり本質的な意味で、人間としてタフなんでしょう。我々に人間としての原点に戻って、根っこの部分を鍛える重要性を再認識させてくれるのかもしれませんね。では、三番目の「喜び」は何でしょうか？

大橋　「人情に触れて心温まることが多い」点でしょうか。旧ソ連のイメージか、「合弁を乗っ取られた」だとか「契約を反故にされた」なんていう、ネガティブな情報ばかりが独り歩きしがちですが、本当のところ、この国では、打算なしの友情だとか家族愛、人類愛みたいなものに接するケースが少なくないんです。最近の日本では、あまりそういうのを見かけなくなりましたよね。ある意味で、前近代的な社会なのでしょう。日本や欧米が遠い昔に失ってしまった価値観や美徳が生きているわけです。

著者　ということは、入社された頃は、「ロシアなんて嫌だな」という感じだったとおっしゃられていましたが、だんだんと「ロシア大好き」に変わっていかれたということですね。

大橋　いやいや。僕が本当に好きなのは、旧ユーゴスラビアの国々です（笑）。ただ、好き嫌いは別として、ロシア人というのは尊敬に値する、尊敬の念をもって接すべき人々である、という点については異論をはさむ余地はございません。

著者　よくまとまっていますね。私は名言本をいくつか出していますが、そのまま偉人の名言として通用しそうです。今日は休日にもかかわらず、ありがとうございました。

大橋　こちらこそありがとうございます。やはり、日本の方には、食わず嫌いに陥らずに、まずはロシアにいらっしゃっていただき、ロシア人と接してもらいたいですね。そこで何かを掴めれば、世界

観がガラッと変わるかもしれないのですから。

◆ *Café Break* ◆
【レストランでのチップ】

　基本的に、ウェイトレス（ウェイター）は、法定の最低賃金レベルの基本給で雇われているケースが多く、チップで生活している者が多い。その意味では、アメリカ型だが、必ずしも15％と杓子定規にチップを渡す必要はない。ただ、「日本人はあまりチップを置く人がいないので困る」（ロシア人ウェイトレスの話）というのが現状のようなので、「よほど酷いサービスでない限り、1割程度のチップを追加するのがロシアにおけるマナー」（日本食レストランの経営者の話）とのことである。

第11章　労働法

1 概　観

　労使関係については、連邦雇用法に厳格に規定されている。雇用法には、不当解雇、劣悪な労働環境、超過労働等から従業員を保護するための規定が定められており、雇用者側の一方的な事由による雇用契約の終了を防止している。

2 雇用契約書

　ロシアでは、従業員を雇用する場合には、雇用契約書を書面にて作成し、社長が署名しなければならない。また、ロシア雇用法には、最低賃金水準の規定があり、他の契約をもってこれを下回る条件を設定することはできない。

　原則として、雇用契約書は雇用期間無期限の形で作成される（不定期雇用契約）。特に契約期間が雇用契約書上に明記されていない場合は、不定期雇用契約とみなされる。雇用期間を限定して作成することもできるが（定期雇用契約）、5年以上の期間で作成できない等、いくつかの制限がある。

　近年の傾向として、従業員側から異議申立てがあった場合、期間を限定して雇用契約を作成した理由を雇用者側が立証しなければならないことがある（立証できない場合には、不定期雇用契約が作成されたものとみなされ得る）。

　なお、ロシア雇用法上、雇用契約書に職務内容を明記することが求められる。また、以下の場合、雇用者は社内で通知しなければならない。

　① 新しく従業員を雇った場合、

② 職務内容の変更があった場合、
③ 解雇の場合など。

3　試用期間

　雇用者は、雇用契約書上に試用期間を明記しなければならない。原則として、3か月を超える試用期間を設定することはできない（管理職の採用など、一定の条件を満たす場合、最長6か月までの試用期間の設定が可能）。また、一定の条件を満たす新卒、1歳半以下の子供がいる女性、その他特定の条件を満たす従業員については、試用期間の設定は認められていない。
　試用期間中に雇用を終了するには、3日間の事前通知が必要で、その際、能力・適性上の問題等を明記しなければならない。

4　最低賃金

　現行の最低賃金は、月額1,100ルーブルと規定されている。

5　就業時間

　ロシア雇用法の下では、雇用者は各従業員の就業時間を残業時間も含めて記録しなければならない。ロシアにおける法定労働時間は40時間（週5日あるいは6日の労働）であり、雇用法には許容残業時間および残業代の支払いに関する規定がある（残業は、1日4時間、週16時間、年間合計120時間を限度とする等）。また、雇用法上、祝前日については、就業時間を1時間短縮するよう求めている。

6　有給休暇

すべての従業員に対し、年間28日の有給休暇が与えられている。通常、従業員は6か月間勤続後、有給休暇の行使が認められる。

7　雇用契約の終了

雇用者は、ロシア雇用法に規定の以下のような「特別な事情」がある場合にのみ、雇用契約を終了することができる。
① 健康上の理由で終了する場合、原則として配置転換を雇用者側は提示しなければならない。本人が断った場合、あるいは妥当な配置転換先が社内に見出せない場合にのみ、雇用関係の終了が正当化でき得る。
② 能力や適性上の理由で終了する場合、雇用者はまず社内に特別委員会を設け、解雇手続を進めていく必要がある。この証明は難しいため、専門家の意見を仰ぎながら、慎重に進めていくのが賢明であろう。
③ 合理化や倒産による契約終了の場合、雇用者は従業員に対し2か月以上前に書面による事前通知を行わなければならない（なお、合理化のケースで、配置転換先を社内に見出せる場合には、雇用者はそれを提示しなければならない）。

なお、従業員が自ら会社を辞める場合、2週間前に雇用者に事前通知する必要がある。

8　その他の手当

現行制度上、すべての従業員が疾病手当を受けることができるが、その

原因が一時的な疾病等である場合、手当の金額は1月当たり15,000ルーブルを超えることができない。なお、病欠は原則として有給扱いとなり、雇用者はその分、社会保障税負担の減額という形で控除を受ける。産休については、出産前と出産後にそれぞれ70日間与えられ、有給扱いとなる。

9 祝祭日

労働法規定の祝祭日は以下の通りである。

2007年	祝　　　　日
1月1日～5日	新年
1月7日	ロシア正教クリスマス
1月8日	ロシア正教クリスマス・振替休日
2月23日	祖国英雄の日
3月8日	国際婦人デー
5月1日	春と労働の日
5月9日	戦勝記念日
6月12日	ロシア主権宣言の日
11月4日	和解と合意の日
11月5日	和解と合意の日・振替休日

第12章　会計と監査

1 概　　観

(1) ロシアの会計基準は国際財務報告基準（IFRS）に基づく改訂が行われているが、未だに多くの相違点が見うけられる。
(2) 多くの多国籍企業は正確な業績を把握するために、連結決算目的のみならず内部管理用としてもIFRSや米国会計基準に基づき財務諸表を作成していることが多い。
(3) 一方、国際展開を行う大企業以外の、その他大勢のロシア企業においては、未だに個別財務諸表が主たる財務諸表とされており、連結財務諸表は副次的な位置づけとされている（作成されない場合もある）。
(4) 公認会計士資格については、会計先進国と比較すると、未だ発展段階にあると言えよう。

2 会計基準

　従来、ロシアにおける「会計」とは、第一義的に「税務申告目的の記帳」を意味し、会計先進国でいう「財務報告」の含みは第二義的なものであった。このためロシアの会計規則には、財務報告規則よりも記帳についての詳細な規定が多い。
　財務報告に関する規定については、会計士協会ではなくロシア財務省の主導で設定・管理されている（ただし、金融機関についてはロシア中央銀行の管轄）。
　関連規則としては、「会計法」、「民法」、「ジョイント・ストック会社法」、「会計基準」、「勘定科目規則」等がある。
　国際会計基準との調和は当局の目標ではあるものの、実態としては、ま

だ大きなかい離がある。例えば、インフレ会計や企業結合会計等はまだ十分には基準が定められていない（詳細については、後述の「IFRSとロシア基準の相違点」を参照）。

3 会計原則

1998年にロシア政府は、ロシア会計基準を国際会計基準と調和させるための国家プロジェクトを発足させた。その後2004年には、2010年までにロシア会計基準を国際財務報告基準（IFRS）に収斂させることを目的としたプロジェクトが発足した。こうした動きの中で、ロシア新会計基準が導入され、財務諸表の形式や内容が規定された（有形固定資産、無形固定資産、棚卸資産、費用および収益、関連会社、セグメント情報、公会計等）。

会計原則としては、継続企業の公準、継続性の原則、重要性の原則、保守主義の原則、発生主義の原則等があり、その意味では一見すると会計先進国と変わらないようにも見えるが、実務上、取引の経済的実態よりも形式を重視する傾向など、異なる点も少なくない。

4 法定財務諸表の作成と表示方法

ロシアの法定財務諸表は、貸借対照表、損益計算書ならびに注記事項（キャッシュ・フロー計算書や資本増減明細表等）から成る。

使用通貨はルーブル、使用言語はロシア語と規定されており、財務諸表の形式や作成方法等は、ロシア会計基準の「企業の財務諸表」の章において規定されている。法定財務諸表は国家統計局や税務当局にも提出しなければならない。また、企業の会計年度は暦年である。

5　勘定科目

主要な勘定科目は下記の表の通りであり、銀行および政府系金融機関を除くすべての営利法人が、複式簿記にてこれらの勘定科目を使用しなければならない。

分　　類	番　号
固定資産	01 – 09
棚卸資産	10 – 19
材料および仕掛品	20 – 39
完成品	40 – 49
現金預金および有価証券等	50 – 59
売掛金および買掛金	60 – 79
資本項目	80 – 89
オフバランス項目	001 – 011

6　各会計科目の留意点

1　貸借対照表

貸借対照表上、すべての資産・負債は、原則として一年基準で流動項目または非流動項目に分類される。

2　売掛金

売掛金のうち、支払期日までに返済されず、債務保証が行われていない

ものについては、ロシア会計基準上、貸倒懸念債権に区分し、期末に貸倒引当金を計上しなければならない。また、貸借対照表上、売掛金は引当金を控除した純額で表示する。なお、規定上は引当計上が要請されているものの、実務上、貸倒引当金を立てないロシア企業は少なくない。

3 棚卸資産

棚卸資産は取得時において、取得原価で計上する。原価計算に際し、平均法、個別法、先入先出法、後入先出法のいずれかを採用することができる。完成品は、実際原価、標準原価、直接原価で計算する。仕掛品については標準原価あるいは直接原価等で評価する。

なお、以下のいずれかを満たす場合、棚卸資産は低価法（すなわち取得原価と正味実現可能価額のうち低い方）で評価しなければならない。

ⅰ) 当該会計年度中に棚卸資産価格が下落した場合
ⅱ) 棚卸資産が陳腐化あるいは部分的に減損した場合

会計期末には減損額を計上しなければならない。貸借対照表上、棚卸資産価額は引当金を控除した純額で表示する。

4 投資勘定

(1) 取得時の評価

原則として、取得原価で評価する。取得原価には、契約に基づいて売り手に支払う金額だけでなく、証券会社等へ支払った手数料等も含める。市場性のある株式については、低価法で評価する。

(2) 減　　損

上場株式については、定期的に時価で再評価を行う。非上場株式については、著しい減損があった場合に、期末の評価減を行う。

(3) 外貨建有価証券

　短期保有目的の外貨建有価証券については、ロシア中央銀行の期末日為替レートを用いてルーブルに換算する。長期保有目的の外貨建有価証券については、期末の評価換えは行わない。

5　有形固定資産

(1) 評　　価

　原則として、取得価額で評価する。ただし、インフレの影響を調整するため、年に一度の再評価が認められている。再評価の方法としては、物価指数法と市場価格法のいずれかを用いることができる。また、ロシアにおいては、減損会計は固定資産には適用されず、棚卸資産、投資および売掛金にしか適用されない。再評価の際の固定資産の減損については、損益計算書において認識せず、資本勘定に計上する。

(2) 減価償却方法

　減価償却方法としては、定額法、定率法、級数法等を用いることができる。耐用年数は、会社ごとの会計方針と税法規定の耐用年数に基づいて設定できる。残存価額は考慮されない。

6　無形固定資産

　無形固定資産の減価償却方法としては、定額法、定率法、級数法等がある。減価償却は当該資産の耐用年数にわたって行うが、耐用年数が明確でないものは、原則として20年で償却する。営業権についても原則として定額法で20年にわたって償却を行う。

　また、負の暖簾については、定額法にて20年で償却し、償却額は営業収益に計上する。

7　法定準備金

　法定準備金は、設立時に一定の金額を設定する必要があり、定款に規定する。取り崩しは制限されており、欠損填補などの目的の場合にのみ認められる。期末時点の法定準備金積立額は、翌期に繰り越される。

8　ファイナンス・リース

　ロシアでは、他国と異なり、貸し手と借り手のどちらが資産を計上し、減価償却を行うのか、当事者間の合意で決めることができる。したがって、会計処理にあたっては、貸し手が資産計上し減価償却を行うのか（借り手はオフバランス処理）、あるいは借り手が資産計上および減価償却するのか、ファイナンス・リース契約上に明記しなければならない。

　なお、ロシア会計基準は、ファイナンス・リース取引において、リース契約上特段の定めを置かない場合は、資産保有リスクは貸し手（レッサー）が負うこととしている。

　ちなみに、オペレーティング・リースに関する規定はない。

9　事業関連費用

　会計上、事業に関連して発生したすべての費用（出張費、広告宣伝費、保険料など）は期間費用として損益計算書に計上される。ただし、課税所得を計算する際には、これらの費用すべての損金算入が認められるわけではなく、調整計算が必要となる。

10　支払利息

　支払利息は、原則として費用計上するか資産化する。ロシア会計基準においては、建物等有形固定資産の建設目的の借入に関して発生した支払利息は、資産計上が要請される。また、有価証券や無形固定資産の取得にあ

たって発生した利息についても、一定の条件の下、資産計上することができる。

11 キャッシュ・フロー計算書

ロシア会計基準においては、現金同等物の概念が規定されていないため、現金の増減をもとにキャッシュ・フロー計算書が作成される。作成方法としては、直接法のみが認められている。

12 注　記

注記の開示方法については、国際会計慣行への調和が見られ、以下の注記が求められる（抜粋）。

①　偶発事象
②　後発事象
③　関連会社間取引
④　1株当たり利益
⑤　セグメント情報
⑥　政府補助金
⑦　その他

ただし、現行ロシア会計基準で求められる注記の範囲は、IFRSに求められるものよりも狭い範囲となっている。

13 連結財務諸表

先述の通り、ロシアでは連結財務諸表の作成基準は存在するものの、国際展開する大企業を除く大多数の企業においては、いまだに単体財務諸表を偏重する傾向が強く、連結財務諸表は副次的な情報として位置づけられている場合が少なくない。このため、連結財務諸表を作成しない企業グル

ープも未だに少なくない。

　もっとも、国家レベルでは、1998年以来、単体財務諸表偏重傾向からロシア企業を脱却させようとしており、国会では、連結財務諸表の作成に関する法案が何度も審議されている。

　なお、親会社の取締役会決議あるいは株主総会決議があれば、ロシア会計基準の代わりに国際会計基準を用いて連結財務諸表を作成することができる。ただし、国際会計基準の下で作成された連結財務諸表は、親会社の株主に開示しなければならない。

　ロシアの連結財務諸表規則は、原則として国際会計基準と類似しているが、各論部分では異なる点が多い。

7　財務諸表の開示

　連邦会計法では、すべての利害関係者が企業の法定財務諸表を閲覧できるよう定めている。また、一定の会社形態（ジョイント・ストック会社、保険会社等）に対しては、さまざまな方法で財務諸表の開示を要請している。

　なお、ジョイント・ストック会社については、貸借対照表、損益計算書、および監査報告書を公表しなければならない。公表に先立ち、法定財務諸表は監査を受け、年次株主総会の承認を得る必要がある。事業規模および会社規模によっては、貸借対照表および損益計算書は略式で開示することができる。また、財務諸表の開示期限は会計年度の翌年の6月1日である。

8　外国法人のロシア支店および駐在員事務所の会計

　連邦会計法では、外国法人の支店および駐在員事務所については、ロシ

アの会計基準と当該国の会計基準（ただし、国際財務報告基準に概ね準拠していることが要件）のいずれかの選択適用を認めている。採用した会計基準は、会計方針に明記しなければならない。

（注）　税務申告については、ロシア税法に基づく申告が要請される。

⑨ IFRSの適用

2004年、会計改革要綱が発表され、会計基準の大幅な変更およびそのスケジュールがまとめられた。その中で、公開型ジョイント・ストック会社および公益法人について、IFRSに準拠した連結財務諸表の作成義務が規定された。一方、個別財務諸表についてはロシア会計基準に基づく作成が引き続き容認された。

また、連結財務諸表の作成に関する会計基準の設定に向けての準備が進んでおり、国会では草案について何度も議論が重ねられてきたが、新法の導入は遅れている。財務省としては、2010年までにIFRSへの完全調和を達成したい、との立場を表明している。

⑩ IFRSとロシア基準の相違点

1　ロシア会計基準では認識と測定に関する規定がなく、IFRS（IAS）と取り扱いが異なる可能性がある項目

企業結合の種類
企業結合における引当金
条件付対価
無形資産の計上および減価償却基準

特別目的会社の連結
超インフレ経済下における財務報告
負ののれん
在外子会社の売却に伴う繰延為替換算差額
金銭債権の消却
確定給付型年金およびその他従業員手当
金融商品発行側の会計処理
デリバティブ会計
ヘッジ会計
売却目的の長期保有資産
セール・アンド・リースバック取引
機能通貨の概念
株式報酬

2　ロシア会計基準には開示規定がない項目

金融資産および負債の公正価額
投資用資産の公正価額
関連会社の簡易財務諸表
事業の買収および売却に関する開示
会計方針の変更等に関する重要な経営陣の判断

3 ロシア会計基準／IFRS に異なる会計処理の規定がある項目もしくは実務上ロシアで異なる会計処理が行われる可能性のある項目

連結の基準
営業権
比例連結
有形固定資産の耐用年数
ファイナンス・リース
長期請負工事の認識基準
金融資産の区分（売買目的有価証券等）
金融負債の区分（売買目的有価証券等）
投資勘定
引当金
誤謬の修正
収益の認識基準
合弁会社の BS 上の表示方法
資産の減損
棚卸資産の認識における LIFO の使用
研究費
廃止事業
子会社が金融機関の場合の連結 BS 上の表示
持分法の適用

4　ロシアの財務諸表

　ロシアでは、原則として、財務省作成の財務諸表雛形をベースに企業は財務諸表を作成する。以下はその一例である。

【貸借対照表】

	ロシア語	英語	日本語
I.	Актив	Assets	資産
	ВНЕОБОРОТНЫЕ АКТИВЫ	NON-CURRENT ASSETS	固定資産
	Нематериальные активы	Intangible assets	無形固定資産
	Основные средства	Fixed assets	有形固定資産
	Незавершенное строительство	Construction in progress	建設仮勘定
	Долгосрочные финансовые вложения	Long-term financial investments	（長期）投資
	Отложенные налоговые активы	Deferred tax asset	繰延税金資産
	Прочие внеоборотные активы	Other non-current assets	その他の固定資産
	Итого по разделу I	Total Section I	区分Ⅰ合計（固定資産合計）
Ⅱ.	ОБОРОТНЫЕ АКТИВЫ	CURRENT ASSETS	流動資産
	Запасы	Inventories	棚卸資産
	в том числе：	including：	内訳：
	сырье, материалы и другие аналогичные ценности	Raw, materials and other inventories	原材料およびその他の棚卸資産

	животные на выращивании и откорме	Livestock (11)	家畜
	затраты в незавершенном производстве	Work in progress	仕掛品
	готовая продукция и товары для перепродажи	Finished goods and goods for resale	製品および再販売製品
	расходы будуших периодов	Expenses related to future periods	前払費用
	прочие запасы и затраты	Other inventories and expenses	その他の棚卸資産および費用
	Налог на добавленную стоимость по приобретенным ценностям	Value Added Tax on goods purchased	付加価値税
	Дебиторская задолженность (платежи по которой ожидаются более чем через 12 месяцев после отчетной даты)	Accounts receivable (payment expected beyond 12 months of the reporting date)	売掛金（貸借対照表日から12か月を超えて支払われる見込みの長期債権）
	Дебиторская задолженность (платежи по которой ожидаются в течение 12 месяцев после отчетной даты)	Accounts receivable (payment expected within 12 months of the reporting date)	売掛金（貸借対照表日から12か月以内に支払われる見込みの短期債権）
	Краткосрочные финансовые вложения	Short-term investments	短期投資
	Денежные средства	Cash	現金および預金

	Прочие оборотные активы	Other current assets	その他の流動資産
	Итогопо разделу II	Total Section II	区分Ⅱ合計（流動資産合計）
	БАЛАНС (сумма строк 190+290)	TOTAL SECTIONS I and II (lines (190+290))	区分ⅠおよびⅡ合計
	Пассив	Equity and liabilities	負債および資本
Ⅲ.	КАПИТАЛ И РЕЗЕРВЫ	EQUITY AND RESERVES	資本および剰余金
	Уставный капитал	Charter capital	資本
	Собственные акции, выкупленные у акционеров	Own shares buy-back	自己株式
	Добавочный капитал	Additional capital	資本剰余金
	Резервный капитал	Legal reserve	法定準備金
	в том числе：	including：	内訳：
	резервы, образованные в соответствии с законодательством	Reserves formed in accordance with legislation	法定準備金
	резервы, образованные в соответствии с учредительными документами	Reserves formed in accordance with foundation documents	設立準備金
	Нераспределенная прибыль (непокрытый убыток)	Retained earnings (loss)	繰越利益（損失）
	Итогопо разделу III	Total Section III	区分Ⅲ合計

Ⅳ.	ДОЛГОСРОЧНЫЕ ОБЯЗАТЕЛЬСТВА	NON-CURRENT LIABILITIES	固定負債
	Займы и кредиты	Borrowings and bank loans	借入金
	Отложенные налоговые обязательства	Deferred tax liabilities	繰延税金負債
	Прочие долгосрочные обязательства	Other non-current liabilities	その他の固定負債
	Итого по разделу IV	Total Section IV	区分Ⅳ合計（固定負債合計）
Ⅴ.	КРАТКОСРОЧНЫЕ ОБЯЗАТЕЛЬСТВА	CURRENT LIABILITIES	流動負債
	Займы и кредиты	Borrowings and bank loans	借入金
	Кредиторская задолженность	Accounts payable	買掛金
	в том числе :	including :	内訳：
	поставщики и подрядчики	Payable to suppliers and contractors	取引先等に対する買掛金
	задолженность перед персоналом организации	Payable to staff	人件費関連の未払金
	задолженность по налогам и сборам	Taxes payable	未払法人税等
	прочие кредиторы	Other creditors	その他の未払金
	Задолженность перед участниками (учредителями) по выплате доходов	Payable to participants (shareholders)	未払配当金

	Доходы будуших периодов	Income of future periods	前受収益
	Резервы предстояших расходов	Reserves for future expenses and payments	引当金
	Прочие краткосрочные обязательства	Other current liabilities	その他の流動負債
	Итогопо разделу V	Total Section V	区分Ⅴ合計（流動負債合計）
	БАЛАНС	TOTAL SECTIONS III, IV, V	区分Ⅲ、ⅣおよびⅤ合計（負債および資本合計）

【損益計算書】

	ロシア語	英語	日本語
	ОТЧЕТ О ПРИБЫЛЯХ И УБЫТКАХ	PROFIT AND LOSS ACCOUNT	損益計算書
	Доходы и расходы по обычным видам деятельности	Income from and expenses on ordinary shares	営業損益
	Выручка (нетто) от продажи товаров, продукции, работ, услуг (за минусом налога на добавленную стоимость, акцизов и аналогичных обязательных платежей)	Sales of goods, products, work, services (less VAT, excise duty and other similar compulsory payments)	売上高（VAT、物品税等を含まず）

	Себестоимость проданных товаров, продукции, работ, услуг	Cost of goods, products, work, services sold	売上原価および製造原価
	Валовая прибыль (убыток)	Gross profit (loss)	売上総利益
	Коммерческие расходы	Sales expenses	販売費
	Управленческие расходы	General business expenses	一般管理費
	Прибыль (убыток) от продаж	Operating profit (loss) from sales	営業利益
	Прочие доходы и расходы	Other income and expenses	その他の収益および費用
	Проценты к получению	Interest receivable	受取利息
	Проценты к уплате	Interest payable	支払利息
	Доходы от участия в других организациях	Participation in other companies	株式投資損益
	Прочие операционные доходы	Other operating income	その他の営業利益
	Прочие операционные расходы	Other operating expenses	その他の営業費用
	Внереализационные доходы	Non-operating profit	営業外利益
	Внереализационные расходы	Non-operating expenses	営業外費用
	Прибыль (убыток) до налогообложения	Income (loss) from operations	経常利益

	Отложенные налоговые активы	Deferred tax assets	繰延税金資産
	Отложенные налоговые обязательства	Deferred tax liabilities	繰延税金負債
	Текуший налог на прибыль	Current income tax	法人税等
	Чистая прибыль (убыток) отчетного периода	Net profit (loss) for the reporting year	当期純利益
	СПРАВОЧНО.	REFERENCE	参照項目
	Постоянные налоговые обязательства (активы)	Permanent tax liabilities (assets)	税効果における永久差異（借方・貸方）
	Базовая прибыль (убыток) на акцию	Basic earnings (loss) per share	1株当たり当期純利益（損失）
	Разводненная прибыль (убыток) на акцию	Diluted earnings (loss) per share	希薄化1株当たり当期純利益（損失）
	РАСШИФРОВКА ОТДЕЛЬНЫХ ПРИБЫЛЕЙ И УБЫТКОВ	BREAKDOWN OF SPECIFIC INCOMES AND EXPENSES	特別収益および損失の内訳
	Штрафы, пени и неустойки, признанные или по которым получены рещения суда (арбитражногосуда) об их взыскании	Fines and penalties recognized by court or those on which there are judgments of a court (or arbitrage court) on their recovery	係争関連費用（裁判所命令に基づく罰科金）
	Прибыль (убыток) прощлых лет	Profit (loss) of previous years	過年度損益

	Возмешение убытков, причиненных неисполнением или ненадлежашим исполнением обязательств	Compensation for damages caused by default on obligations or by improper fulfillment of obligations	債務不履行違約金等
	Курсовые разницы по операциям в иностранной валюте	Exchange rate differences	為替差損益
	Отчисления в оценочные резервы	Revaluation reserve	評価換算差額
	Списание дебиторской и кредиторской задолженности, по которой истек срок исковой давности	Write-off of debtor and creditor indebtedness on which the period of limitation has expired	時効に伴う債権・債務の償却

【キャッシュ・フロー計算書】

	ロシア語	英語	日本語
	ОТЧЕТ О ДВИЖЕНИИ ДЕНЕЖНЫХ СРЕДСТВ	CASH FLOW STATEMENT	キャッシュ・フロー計算書
	Остаток денежных средств на начало года	Cash at the beginning of the reporting year	現金および現金同等物期首残高
	Движение денежных средств по текушей деятельности	Cash movement-operating activity	営業活動によるキャッシュ・フロー
	Средства, полученные от покупателей, заказчиков	Total cash received from customers and clients	営業活動から得たキャッシュ・フロー

	Прочие доходы	Other income	その他の収入
	Денежные средства, направленные：	Total cash used for：	現金支出額の内訳：
	На оплату приобретенных товаров, работ, услуг, сырья и иных оборотных активов	Payments for purchased goods, work, services, materials and other current assets	原材料または商品の仕入支出
	На оплату труда	wages and salaries payments	人件費支出
	на выплату дивидендов, процентов	dividend paid, interest paid	利息および配当金の支払額
	на расчеты по налогам и сборам	settlements of taxes and duties	法人税等の支払額
	На прочие расходы	other payments	その他の支払額
	Чистые денежные средства от текушей деятельности	Net cash from operating activity	営業活動によるキャッシュ・フロー
	Движение денежных средств по инвестиционной деятельности	Cash movement-investing activity	投資活動によるキャッシュ・フロー
	Выручка от продажи объектов основных средств и иных внеоборотных активов	Sales of fixed assets and other non-current assets	有形固定資産およびその他の固定資産の売却収益
	Выручка от продажи ценных бумаг и иных финансовых вложений	Sales of securities and other financial investments	有価証券等の売却収益

	Полученные дивиденды	Dividend received	配当金の受取額
	Полученные проценты	Interest received	利息の受取額
	Поступления от погащения займов, предоставленных другим организациям	Redemption of loans provided to other entities	借入金の返済
	Приобретение дочерних организаций	Subsidiaries acquisition	子会社取得による支出
	Приобретение объектов основных средств, доходных вложений в материальные ценности и нематериальных активов	Acquisition of fixed assets, income-bearing investments in tangible and intangible assets	有形固定資産およびその他の固定資産の購入による支出
	Приобретение ценных бумаг и иных финансовых вложений	Acquisition of securities and other financial investments	有価証券等の購入による支出
	Займы, предоставленные другим организациям	Loans granted to other entities	貸付による支出
	Чистые денежные средства от инвестиционной деятельности	Net cash from investing activity	投資活動によるキャッシュ・フロー
	Движение денежных средств по финансовой деятельности	Cash movement-financing activity	財務活動によるキャッシュ・フロー
	Поступления от эмиссии акций или иных долевых бумаг	Proceeds from issue of shares and other equity instruments	株式等の発行による収入

Поступления от займов и кредитов, предоставленных другими организациями	Loans and credits received	借入の実行による収入
Погащение займов и кредитов (без процентов)	Repayment of loans and credits (without interest)	借入金等の返済による支出（利息を除く）
Погащение обязательств по финансовой аренде	Repayment of financial lease obligations	リース債務に係る支出
Чистые денежные средства от финансовой деятельности	Net increase (decrease) in cash and cash equivalents	現金および現金同等物の純増加（減少）額
Остаток денежных средств на конец отчетного периода	Cash at the end of the reporting year	現金および現金同等物期末残高
Величина влияния изменений курса иностранной валюты по отношению к рублю	Ruble exchange rate difference	ルーブルにおける換算額

11 ロシアにおける監査

1 概　要
(1) ロシア監査基準は国際的な慣行に近い内容となっている。
(2) 年次法定監査は一定の基準を満たすすべての会社において義務づけられている。
(3) 新ロシア監査基準については現在改訂中。
(4) 監査法人や会計事務所は政府の許認可（ライセンス）が必要。また、

会計監査人は監査を行うにあたって会計士資格を保持していなければならない。

2 法定監査の対象となる企業

以下の企業は、ロシア監査基準に基づき、年次財務諸表の法定監査を受けなければならない。

(1) 公開型ジョイント・ストック会社（OAO）
(2) 銀行その他の金融機関、保険会社、商品および証券取引所、投資信託等
(3) 年間売上高が法定最低月額賃金の50万倍（5,000万ルーブルに相当）を超える企業
(4) 総資産額が法定最低月額賃金の20万倍（2,000万ルーブルに相当）を超える企業

上記に加え、財務諸表の公告を行う場合には、公告を行う前に独立した監査人の監査を受けなければならない。

なお、連結財務諸表は、ロシアにおける法定監査の対象ではない。

第13章　知的財産権

1　概　　観

ロシアは知的財産権に関する主要な国際協定や条約の締結国であり、具体的には以下を締結している（抜粋）。

① 　パリ条約（工業所有権保護に関する条約）
② 　ベルン条約（文学・美術的著作物に関する条約）
③ 　ジェノバ条約（万国著作権条約）
④ 　商標の国際登録に関するマドリッド議定書
⑤ 　商品登録のための商品及びサービスの国際分類に関するニース協定
⑥ 　その他

WTO加盟に向けて米国との二国間協定が締結されたが、その中で、知的財産権保護の問題（インターネット上のソフトウェア等の海賊版など）が争点となり、合意の条件として、強制力をもつロシアによるアクションプランが定められた。ちなみに、ロシアは海賊版CDについて世界第2位の市場である。

現在、知的財産権保護については、民法第四部の規定が改正中であり、既に下院・上院の決議が済んでいる。2008年1月1日施行予定。

2　特　　許

ロシア特許法においては、法的保護と発明、実用新案および意匠の使用に関して規定している。当該規定は、ロシアが締結する特許法の調和に関する国際条約および特許協力条約に準拠するものである。したがって、規定の多くは先進国で導入されているものと類似している。

科学的発見・発明や数学理論等はロシア特許法の対象とならない。

3 商標権

　ロシア連邦法の下では、すべての知的財産権は、原則として、一定のライセンス契約等のもとで付与することができるが、そのためには管轄当局において登記しなければならない。商標権も、原則として、登記が必要となる（ロシアが締結する国際条約・協定に基づいても保護されるが）。

　連邦法規定の商標権保護の条件の一つとして、「実際に権利保有者が事業において当該商標権を用いること」という規定があるが、実際に事業において商標権を用いるには、原則として、ライセンス契約の締結が必要と解釈されている。

　社名は国内法の下では商標権とは異なる扱いとなっている。社名やドメイン名の登録および割当てについては、国内法の下では部分的にしか規定されていない。

　（参考資料）
　・JETRO ロシア模倣対策マニュアル→ http://tinyurl.com/2tqpeo
　・米国スペシャル301条国際知的財産権同盟・2007年度報告書
　　→ http://tinyurl.com/2ou2vf

第14章　外国為替法

1　概　　観

　外国為替法は連邦法で規定されている。かつては、厳格な通貨規制をしていた時期があったが、経済の安定化に伴い、2006年夏に連邦政府と中央銀行は外国為替の分野でも規制緩和に踏み切った。この結果、ほとんどの規制は廃止されたが、まだいくつかの規制は残っているので注意を要する。

　なお、外国為替法のもとでは、純粋な為替取引だけでなく、現金同等物による取引（外国通貨、外貨建有価証券等）や居住者・非居住者間のルーブル建取引、有価証券取引も規定の対象となる。

2　外国為替取引の種類

　すべての外為取引は以下の3つの取引に分類される。
① 居住者・非居住者間の取引
② 居住者間の取引
③ 非居住者間の取引

1　居住者・非居住者間の取引

　2006年7月1日以降、居住者・非居住者間の外国為替取引が容易になり、現在、特に規制はない。

　それ以前においては、居住者・非居住者間に発生する特定の為替取引（貸借、国内あるいは外国有価証券の売買等）については制限されており、特別銀行口座の利用が求められたり、留保要件が存在した。

　上述の制限については、外国為替市場の自由化および為替取引簡略化の

ため、ロシア国立銀行およびロシア連邦政府により廃止された。

2　居住者間の取引

居住者間の為替取引については、一部に規定されている取引を除いて、原則として禁止されており、支払いはルーブルで行わなければならない。また、居住者は、ロシアの銀行から外貨建の借入を行うことはできない。

3　非居住者間による為替取引

非居住者間の外国為替取引については、特に規制は存在しない。また、非居住者はロシア国内において、ルーブル建有価証券の売買についても自由に行うことができる。

3　為替規制

このように、ロシアにおける外国為替に関する規制は規制緩和のうねりの中でほぼ廃止されたが、下記のように、まだ若干の規制が残っているため、ロシア投資を検討される際には、注意が必要である。

1　外国為替取引パスポート（deal passport）

中央銀行は引き続きローンや輸出入、サービスの提供、知的財産権等に関わる居住者・非居住者間の為替取引を、当事者に「取引パスポート」の使用を義務づけることにより、モニタリングしている。

2　国外銀行口座

国外の口座の開け閉めについて、ロシアの居住者（内国法人と個人）は中央銀行に報告義務がある。また、ロシアの内国法人については、国外口

座の資金の流れを示した報告書を中央銀行に提出しなければならない。個人については、毎年年始に口座の残高証明を中央銀行に提出しなければならない。

3　外貨の持ち込み・持ち出し

　外貨（現金・トラベラーズチェック・有価証券等を含む）の持ち込みについては、1万ドル以上の場合、税関申告書を提出しなければならない。

　また、個人による外貨の持ち出しについては3,000ドルまでは申告不要だが、3,000ドル以上1万ドル未満については税関申告書が必要となる。1万ドル以上の場合は、入国時に提出した税関申告書上に記載された外貨持込額を限度に持ち出すことができる。

4　外貨の送金

　クロスボーダーで取引活動を行う居住者は、原則として、獲得した外貨およびルーブルのすべてをロシアの銀行口座に送金しなければならない。ただし、資金の貸手が非居住者である場合、貸手の外国銀行口座に直接送金することもできる場合がある。

4　外国為替法の罰則規定

　原則として、非常に厳しい内容となっているので、法令遵守が肝要である。なお、場合によっては刑事罰もあり得る（社長に対し最高3年の禁固刑等）。

◆ Café Break ◆
【タクシーの乗り方】

　日本と比べるとホテルでひろうタクシーは値段が著しく高い。このため、電話でタクシーを呼ぶのが一般的で、（後述の白タクよりも）安全と言われている。この場合は、プロのタクシードライバーがやってくるのだが、車は一般の車と変わらないことが多い。オペレーターに伝えることは、通常以下の三点のみで済む（自分の名前、タクシーを呼びたい場所の住所、自分の電話番号）。以下のタクシー会社は、英語が通じることもある。
◆City Taxi（495－225－9225）
　www.citytaxi.ru/Eng（オンラインでも予約可能）
◆Taxi Blues（495－128－9477）
　なお、ドライバーは英語を理解しない者が多いので、とにかく行き先の住所を見せるなどするといい。また、地元の人は、路上で手を挙げて、いわゆる白タクを止めて、値段を交渉して乗っている（タクシーを本業にしている者もいるが、多くは、一般の市民による副業とおもわれる）。このような形でタクシーを利用している日本人駐在員もいるので、ロシア語の数字を覚えたら、昼間にトライしてみてもいいかもしれない。ただし、モスクワを走る自動車台数は、現在300万台強。2010年には400万台を超える勢いで車が増えており、渋滞は毎年深刻化している。しかも、一方通行が多く、簡単にユーターンはできない道が多い。このため、道のどちら側でタクシーをつかまえるかによって、かなり時間を節約できる。大雑把な方向だけは、乗る前に確認してから、タクシーをひろうべきだろう。

現地インタビュー
【ロシアの達人⑤】
「大切なのは一度自分のせいにしてみること」

千葉一郎氏（トヨタモーター・マニュファクチャリング・ロシア副社長）にインタビュー。

著　者　本書の最後のインタビューということですので、話が重複するリスクもあります。そこで、千葉さんには「トヨタ流・問題解決術」を駆使していただき、ロシアを紐解いていただきたいと思います。

千　葉　オッと、いきなりそう来ますか（笑）。私も去年1年だけで、弊社をご訪問された政界や経済界など外部の方々約1,000名の対応させていただいたのですが、毎回ロシアについての質問を受けましたので、普通の人よりはロシアについて考える機会は多かったかもしれません。同じような質問も多かったのですが、ひとつ言えるのは、「○○人のやり方」とか「○○民族」という軸で物事を捉えても仕方がないと思うんです。

著　者　1,000名ですか、凄いですね。今、2点ご指摘されましたが、よくわかります。一つは、「ロシア人は難しい」とか「ロシアだから大変」というのは、単なる現象論にすぎず、「現象」の下に潜む本当の「問題」を掴んでいないということ。もう一つは、一般化に潜む危険性のことですね。「○○人だから」と先入観をもってしまうと、認識が固まってしまって、誤った判断を下してしまう確率が高まるわけですね。

千　葉　そうです。現象を論じていても問題解決はできません。例えば、レバシリ商人（レバノン・シリア）やユダヤ商人あるいは華僑、

印僑などのことを日本人は「冷徹な」というコトバで表現することが多いのですが、商売に「あったかさ」とか「冷たさ」っていう感情論は、本質とは関係ないんです。そこにあるのは、「個人的利益への距離」であって、本人の利益に近ければ「冷たい」印象を与えがちになり、遠ければ「あったかい」「ほのぼの」とした印象を与える確率が高まるのでしょう。うちなんかの日本人は基本的にサラリーマンですから、「個人の利益には遠い」わけです。

著　者　なるほど。その意味では、ロシア人はどうなるのでしょうか？

千　葉　ロシア人も、一部のオリガルヒとかを除けば、相対的に「遠い」人たちが多いんじゃないでしょうか。共産時代なんていうのは、公平な滅私奉公がルールだったのですから。だから、日本人は彼らを「あったかく」感じることがあるのかもしれませんが、そういう感覚は、表面的な「現象」にすぎず、本質ではないんです。ただ、ロシア人に関して言えば、個人の利益から遠いその他大勢の人たちが、ごく一部の「利益の源泉に近い人たち」の影響を受け、近視眼的になっている印象は否めません。最近、特にカネに対する執着が強すぎるなあ、と感じる瞬間もありますね。

著　者　そういったマテリアリズム（物質主義）の観点から言うと、日本人の若い人たちも、我々の世代と比べると、ましてや我々の親の世代、祖父母の世代と比較すると、かなり個人の利益に対して「近視眼的」になってきているんじゃないでしょうか？　私自身、モノ書きとして、編集者の人たちからよく「ベストセラー・ランキング」だとか送られてくるんですが、単に刹那的欲求をいたずらに刺激するようなタイトルの本が以前よりも増えてきているような気がします。自助努力なくして「ラクして稼ぐ」的な本が非常に多いわけです。その意味で、それをロシア固有の問題として捉えるべきなのかどうかは、迷うところです。

千葉　たしかに、私なんかも未だに給与明細の中身についてよく見ませんし、親父なんかはもっとカネに対して無頓着、良し悪しは別として、滅私奉公だったと思いますから、そうかもしれませんね。

著者　歴史のフェイズで考えてみると、よく日本を論じる時、最近20年だけに注目して「日本人はバブルで変わった、おかしくなった」的な物言いをする人が多いのですが、日本は近代で3回変わっているんです。維新が最初で、次に高度成長期が2度目、そして3度目がバブルの時です。会社に対する我武者羅な滅私奉公だとかカネに対する価値観（清貧の発想）は、これ以前と比較すると、この三度の出来事の時に、それぞれ著しい変化（パラダイム・シフト）を遂げています。バブルの時だけに大きく変わったわけではない。それと比較してみると、ロシアの場合、体制転換後、特に大きな変化を経験していないのに、一気に日本のバブル的な価値観をもつ若者を大量に生み出してしまったような気がします。もしかすると、そこにロシアのアキレス腱が潜んでいるのかもしれないな、と個人的には思っています。

千葉　なるほど。ロシアの体制転換を日本の維新に相当すると考えるわけですか。たしかに、プーチン大統領も、資源バブルに酔いしれている余裕はない、と思っているのかもしれませんね。今年になって、「資源依存型経済からの脱却」だとか「ものづくり国家に変わるにはどうすべきか」なんていう話を盛んに演説で使っています。

著者　「強いロシアの建設」という表現を大統領は使っていますが、一番危機感を持っているのは、大統領自身かもしれませんね。さて、千葉さんは読書家ですが、ロシアを絶対値で見られるようになるために、何かオススメの本はありますか？

千葉　*Natasha's Dance*（*Orland Figes*）というペンギンからでているロシア文化史に関する本があるのですが、この「ナターシャの踊

り」というのは、『戦争と平和』にでてくるナターシャが踊ったダンスのことです。トルストイは「どんな貴族の娘でもロシア的なものをうちに秘めていて、ロシア人であれば誰でも、ある瞬間にそれが飛び出してくる」という点をその踊りを通して描いているんですが、この著者はそれが虚構だという視点を展開しています。一度読まれると、物事を複眼で見られるようになるかと思います。

著　者　面白そうですね、今度読んでみます。ところで、ロシアでビジネスをやる上で、頭痛のタネは何でしょうか？　英語ではよくこういうインタビューで What keeps you awake at night? なんて聞きますが。

千　葉　まず最初に申し上げておくのは、冒頭でも少し述べましたが、「ロシアはめちゃくちゃ」だとか「ロシア人はダメだ」という駐在員や出張者からの報告には眉につばをつけて聞いたほうがいいという点です。なぜなら、誤解を恐れずに申し上げれば、そうやって皆、本社の上司等への「言い訳」に使っているからです。私自身、そういう報告を見つけたら注意するようにしていますが、なかなかなくなりません。

著　者　とおっしゃいますと？

千　葉　日本人は「ウチ」と「ソト」を使い分けますが、「ソト」を悪者にした言い訳は通りやすい土壌がありますよね。だからこそ、ロシアビジネスに限らず、日本の本社等から海外のビジネスを管理する立場におられる方は、そういう現場から上がってくる声に対して、「本当かな？」と疑ってみる猜疑心が必要だと思うんです。例えば、よく「ロシアの許認可取得は、めちゃくちゃ大変だ」なんていう声を耳にしますが、私自身、2004年10月から地方政府の人々と許認可の話を詰めてきた経験から申し上げると、総じて彼らが言っていることは筋が通っていて、不思議なルールは一つも

ないのです。もちろん、わかりやすいプレゼンの仕方とか、投資家に対する気配りとか、そういう表面的な印象レベルでは違いはあるんですが、本質レベルの話では、皆さんが言われているほど「おかしなこと」はないわけです。

著　者　内容はともかく、時間については、「ロシアでは許認可が遅れて困る」という不満はよく耳にしますが、この点はどうお考えになりますか？

千　葉　正解は「ロシアは行政改革の途上にあるから許認可が遅れることが多い」となります。「ロシアがおかしい」は不正解です。この国には、RUSなんとかという政府の外郭団体がもの凄くたくさんあります。こういう組織は、小さな政府を目指す社会の中では切り捨てられる可能性が高いのです。許認可にしても、いい加減に判を押して許可していたら存在意義がなくなって潰されてしまう、という危機感をもっているわけです。だから、なかなかYesとは言わない。ちょっと歪んではいるのですが、Noと言うことで、そして厳しい対応をとることで、彼らなりに存在感を示しているんじゃないでしょうか。

著　者　なるほど、千葉さんは我々と同業者（コンサルタント）みたいですね。日本的な感覚からすると、ちょっと冷たいという印象を与えるかもしれませんが（オッと、感情論の話を持ち込んでしまいました、笑）、お話が極めて明快ですね。

千　葉　恐れいります。もっとも、国家レベルのプロジェクトだとか、戦略的な産業関連ですと、国益に触れるのりしろが大きくなりますから、本当に「おかしなこと」がでてくるのかもしれません。これについては私は経験値がないので、何とも申し上げられません。ただ、我々のような普通のビジネスにおいては、原則として「おかしなことはない」と言い切っていいと思います。現場から「あいつらがおかしい」と来ても、気をつけたほうがいいんです。単

なる「嘘の上塗り」に踊らされているだけかもしれないんですから。大切なのは、現場の人も、本社の人も、一度自分のせいにしてみる、ことです。

　私は、なにもロシアが素晴らしいなどと礼讃しているわけではありません。どこの国も完璧ではないわけですし、問題はたくさんあります。ただ、「わかりにくい」から「ロシアが悪い」という結論づけをしても、問題解決にはつながらないのです。わかりにくいからこそ、自罰的になってみる。そうすると、状況を冷静に判断できるようになるのじゃないでしょうか。

著　者　たしかに、コトバや文化が違う中でビジネスをしていると、いろいろストレスもたまりますし、「あいつらのせいだ」と他罰的になりやすい点には同情の余地もありますが、やはり管理者としては、同情だけしていてもビジネスはできませんし、健全なる猜疑心をもって、現場の声を聞き分ける耳が必要なのでしょう。この点に関して、私がよく言っているのが「比べながら、比べない」ということです。

千　葉　比べながら、比べない？

著　者　ええ、多くの人は異質なものを前にすると、「比べる」ことはします。ところが、比べるときに自然体を崩す人が多いんです。いわゆる「ではの守（かみ）」という人、いますよね。「アメリカでは」「日本では」と、なんでも極端な一般化をして、短絡的に結論づける人です。これは避ける必要があります。

千　葉　たしかに、ロシアに来る日本人を見ていても、比較の後、「こんなものもないのか、この国には。やっぱり、日本が最高だ」となるか「やっぱり外国は違うなあ。日本はダメだよな」という二極化する傾向がありますよね。ただ、実際問題として、「比べない」ためには、どうすべきなんでしょうか？

著　者　こんな風に考えるとイメージできるかもしれません。私は、日本

で寿司を食べている時は、ロシア料理のことは考えません。モスクワでビーフ・ストロガノフを食べている時は、寿司のことは考えません。どちらも好きなんです。そして、両方の違いについても詳しく理解しているつもりです。しかし、実際にどちらかを食べている時は、もう片方と比べることはしません。ある意味で、異文化も同じでしょう。

千　葉　善悪や優劣の価値観を持ち込まないということですね。

著　者　そうです。その罠にはまると、海外でビジネスをする人間としては駄目になりますね。まずはマインドセットです。他罰的でも、自罰的でもなく、「非罰的」であれ、ということに集約されるでしょう。ちょっと脱線してしまいましたが、ロシアでの頭痛のタネはほかにはありますか？

千　葉　結果に対する価値観でしょうか。欧米ですと、私がカイゼン案を示すと少なくとも「なるほど」とか That's a good idea. とか反応があるのですが、ここではなぜか無反応の人が多い。無反応を装っているのかもしれませんが、愚直な努力だとか小さなカイゼンの積上げに対するプラスの評価が共有化されていないんでしょうか。彼らのもつ「良い」という価値観あるいは成功のイメージの中には、1秒で10億円儲けた、とか単純明快な結果しか見聞きした経験値として入っていないのかもしれません。その結果、短期志向というか、うちでいう「地道に、愚直に、徹底的に」という価値観がなかなか浸透しません。ですから、いろいろ教えていても、ちょっと張り合いがないな、辛いな、という気分になることはあります。あとは、言い訳ですかね。私もいろいろな国の人と働いてきたので、言い訳には慣れているつもりですが、日本的な感覚から言うと、あまりにもレベルの低い言い訳には辟易することが少なくありません。

著　者　私自身、ヨーロッパで20年近く働いていますが、日本的な謝罪と

いうものは彼らのDNAの中には存在しない、と割り切っています。「申し訳ございません」という、日本人だったらある場面では自然にでてくる言葉、言わなければならない言葉は、なかなか彼らの口からは出てこないわけです。むしろ、「私のせいでご迷惑おかけしました、言い訳のしようもありません」なんて言ったら、俺はおしまいだ、とさえ思っている節もあるわけで、そんな人たちに対して、我々の価値観を押しつけても、押し問答になって、何の解決にもつながりません。実は、千葉さんと同期の（仏トヨタの）加藤さんと私は親しくて、彼とのインタビューを前著に載せたんですが、その中で、彼は、フランス語では「反省する」という表現にピタッと当てはまるコトバがなくて、「謝る」を辞書で引くと faire des excuses とでてくるとおっしゃっていました。

千　葉　言い訳する……と。

著　者　そうです、仏和辞典の第一義は「言い訳する」です。そして、第二義に「謝る」とあります。つまり、フランス人の頭の中では「謝ること」と「言い訳すること」の間に、概念上の区分が存在しない点を、加藤さんは喝破していたのですが、ロシア人の言い訳というのは、フランス人など西欧人の言い訳よりもさらに我々を驚かせるということでしょうか？

千　葉　傾向としては、そう言えるかもしれませんね。むろん、一般化するつもりはありませんが、例えば、ちょうど先ほどのことですが、報告書の締め切りを守らなかった人間が、「金曜日に断線があったから」などと平気な顔で言ってくるわけです。こっちは、全部工場から報告が上がってくるんですから、断線がわずか2時間しかなかったことなどお見通しなわけです。日本人ですと、とにかく、どんな理由があれ、期日を守れなかったのは事実なんだから、まずは心から謝れと思うわけですが、謝罪など一切なく、おそろ

しくレベルの低い言い訳を真顔でされると、正直、怒りを通り越して、呆れてしまいます。しかも、そういうことが、結構頻繁にあるわけです。拍子抜けしますね。

著　者　その理由をどう見ていますか？

千　葉　あまりものわかりの良い上司でないことは自覚していますが（笑）、強いて申し上げれば、ソ連時代にあまりにも抑圧が厳しくて、内輪で喧嘩しても仕方がない、という「奇妙にやさしい社会」ができあがってしまったのでしょうか。

著　者　なるほど。ただ、私自身は、日本的な謝罪の価値観や言い訳をする者に対する蔑視はロシアを含めた欧米人にはない、という総論には同意しますが、各論レベルでは、むしろ属人性が強いのではないかと感じています。最後にロシア投資を考えている日本の読者の方々に一言お願いします。

千　葉　私は大学などでロシア語を勉強したいわゆるロシア通ではありません。全くの白紙で赴任してきたのです。ただ、与えられたビジネス課題としてロシアを見ている人間です。その立場から皆さんに申し上げられることは、いろいろな思惑や雑音に惑わされてはいけない、ということです。

　よく「原油バブルがはじけたら、ロシアはおしまい」なんていう声を耳にします。実際、私自身も何度もそれについて意見を求められました。しかし、実際にロシアで働いてみて感じるのは、そういう表面的で心情的な話に同調しても意味がない点です。もちろん、ずっと右肩上がりの経済成長は期待できないでしょう。しかし、この地で働いてみて肌で感じることは、確実に中産階級が育っており、消費社会が深化している、という紛れもない実感です。だからこそ、「調整期は必ず来る」と覚悟した上で、まだまだ大きなリターンが得られる市場なんですから、冷静に準備を進めておけるか否か、それが、今後の勝敗を分かつのでしょう。

また、釈迦に説法とは思いますが、「親日家」には別の思惑があるかもしれないという点です。「寿司が好き」と「日本人が好き」は、どう考えても同義ではないわけです。「ロシア人は親日的」と礼讃する人が多いのですが、本当のところ、多くのロシア人は日本のことも、日本人のことも、ほとんど知らないわけです。これは事実です。断片的な情報を知っていることと、日本を知っていることはまったく違うのです。「プーチンは柔道家で親日家。娘さんは日本語勉強中」という事実から、「ロシア人は親日的」という結論は導けないのです。

とにかく海外ビジネスをやっていると、早急かつ乱暴な一般化をよく見かけるのですが、それは危険です。むしろ、そういう過度の期待とか甘えを捨て去ってしまった上で、ロシア人と接したほうが、「裏切られた」と（勝手に）感じることもなくなりますし、ロシアについてもっと理解を深めることができるんではないでしょうか。

いずれにせよ、これからは、ロシア市場もますます洗練されたビジネスが主流になってきて、簡単には勝てなくなります。その意味で、日本や欧米など成熟市場で優秀な成績を残した人こそ、能力を発揮できる時代が間近に迫っています。失敗した時に、「ロシアが難しい」「ロシア人がおかしい」とロシアのせいにするのではなく、本当の問題はどこにあるのか、そういうことを冷静に判断する力がロシアビジネスに限らず、海外ビジネスの監督者には必要だと思います。

著　者　私の好きなコトバに「世間において常識とみなされていることに対して、疑問を呈する勇気を忘れてはならない。健全な猜疑心こそ、ものごとの裏に潜む本質を見極める近道である」（拙著『ユダヤ人成功者たちに秘かに伝わる魔法のコトバ』より引用）がありますが、今日のお話はまさにその点を鋭く突かれた興味深い

お話でした。結局、聞きかじりに基づく先入観に踊らされることなく、自分の目でロシアを見て、自分の頭で判断してみる、そういう現地現物の精神が大切だということですね。

第15章　金融市場

1　概　　観

⑴　ロシアの銀行制度の歴史は1991年暮の体制転換後15、６年しかない（ソ連時代は銀行はなし）。

⑵　この間、ルーブル為替相場の継続的な下落や高金利を背景に、新しい銀行が次々に誕生した（累計で3,000行以上にのぼる）。競争原理や銀行改革（マネーロンダリング、その他の不正などの排除）の結果、既にその６割近くが姿を消したが、現時点で1,200弱の銀行がロシアには存在する（中欧諸国はどこも100以下である点と比較すると、まだ多すぎる感が否めない）。この中でも、ロシア中銀が大株主であるズベルバンクが突出して大きい。ロシアでは、上位20行で総資産や預金・貸出の５割から７割を占めており、分散が進んでおらず、「その他大勢」のロシアの銀行の資産額は、先進諸国の銀行と比較して、極端に少ない点が特徴である。

⑶　消費の拡大に伴い、信用経済が著しいスピードで成長している。消費者ローンや住宅ローンが飛躍的な伸びを示し、徐々にクレジット・カードも普及し始めている。

2　連邦金融庁

　連邦金融庁は、ロシアの金融市場を管理統制する最高機関で、証券取引の監督やそれに付随する法令の公布を行う。また、年金基金の管理も行う。
　金融庁の主な目的は、以下の通りである。
　①　金融市場の安定化
　②　投資家にとって効率的かつ魅力的な市場の形成

③　投資リスクの低減
④　市場の透明化
また、金融庁は以下の機能を担っている。
①　有価証券の発行および取引の円滑化
②　目論見書の登録
③　発行体やその他市場参加者の活動の管理統制等
金融庁は、モスクワ、サンクトペテルブルク等を含む14か所に支部を持つ。

3　中央銀行

ロシア中央銀行の機能については連邦法に規定があり、貨幣の流通、貨幣管理、対外経済政策等を行う独立した機関とされている。中央銀行は59の中央評議会および19の国内支店、924の支部を持つ。

中央銀行の総裁は、ロシア大統領により選任され、議会の承認をへて任命される。また、新法においては、中央銀行に対する下院の統制範囲が広がった。

2005年4月、ロシア中央銀行と政府は、銀行部門の安定化と効率化を目的として、2008年に向けた改革戦略を採択した。

4　金融業・銀行業に関する規定

商業銀行の活動については民法に規定があり、事業内容によって異なる免許の取得が必要となる。商業銀行が行う典型的な事業としては、貸付、決済、外国為替取引、貿易金融、有価証券取引等がある。個人の銀行預金にかかる保険に関する連邦法に、預金保険に関する法的枠組み等が規定さ

れている。

5　運用と決済

　短期運用については、マネーマーケット取引が中心であり、市場の取引量は短期（1か月以内）に集中している。中・長期運用はロシア国債に投資した場合、6％程度の水準。
　決済面では、ロシアには原則として手形や小切手は使用されず、国内決済はルーブルによる現金か送金、対外決済は基本的に送金で、「取引パスポート」という外貨管理体制が残っている（第14章「外国為替法」を参照）。書類関連の条件を満たせば、法人も個人も、居住者も非居住者も、ルーブルおよび外貨建ての銀行口座を開設することができる。

6　保　　険

　保険行政については、財務省の保険監督庁が主体となって管轄しており、主な機能は以下の通りである。
　① 　免許の交付および取消、制限、停止等の処置の決定
　② 　保険関連法令遵守の監督
　③ 　保険会社の従業員に対する監督
　保険監督庁は連邦内7か所に支部を持つ。
　2004年1月1日以降、「保険業法」の項が採択されたことにより、規定は厳しくなった。例えば、新しく保険会社を設立する場合には、交付を受ける免許の種類（損害保険、生命保険、再保険）に応じて、100万ドルから400万ドルの資本金が必要となる。

第15章　金融市場　171

◆ *Café Break* ◆
【ヨーロッパのオフィスビルの空室率】

　モスクワの事務所スペースの空室率は低い。特に優良物件の空きは少なく、また賃料も欧州の中で高めである。ただし、現在、多数のオフィスビルの建設が進んでおり、今後状況は緩和される見込みである。

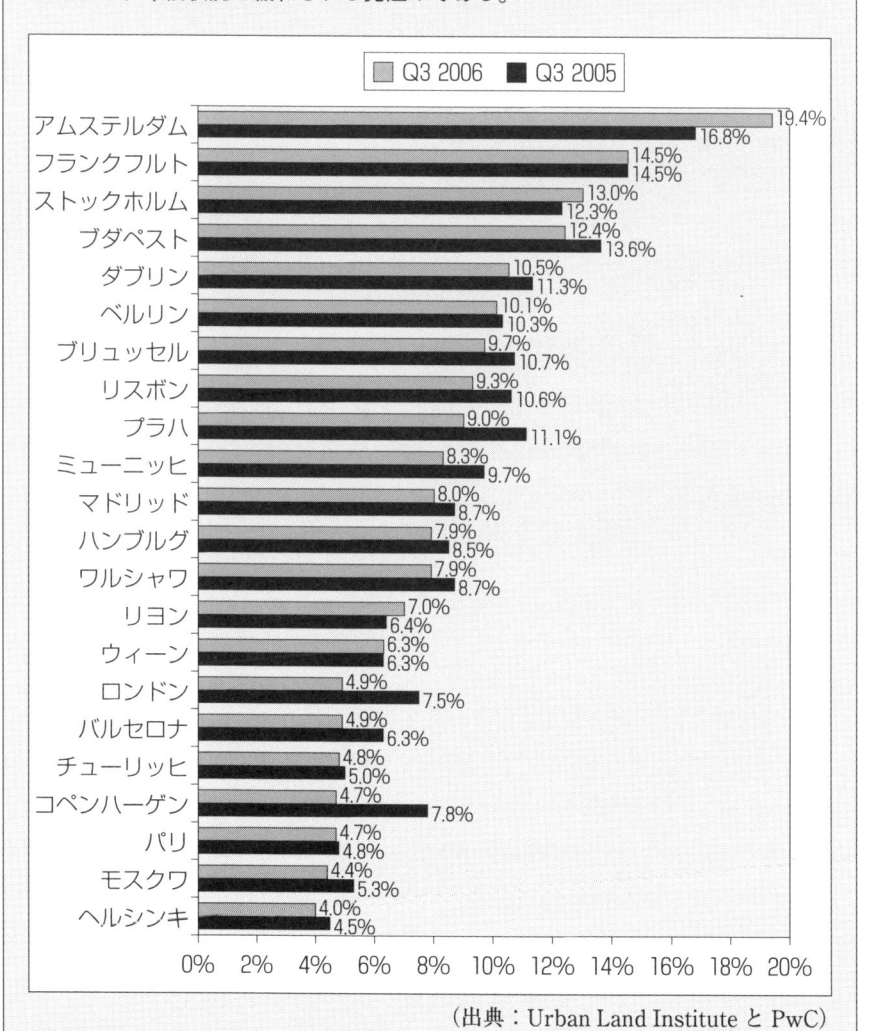

都市	Q3 2006	Q3 2005
アムステルダム	19.4%	16.8%
フランクフルト	14.5%	14.5%
ストックホルム	13.0%	12.3%
ブダペスト	12.4%	13.6%
ダブリン	10.5%	11.3%
ベルリン	10.1%	10.3%
ブリュッセル	9.7%	10.7%
リスボン	9.3%	10.6%
プラハ	9.0%	11.1%
ミューニッヒ	8.3%	9.7%
マドリッド	8.0%	8.7%
ハンブルグ	7.9%	8.5%
ワルシャワ	7.9%	8.7%
リヨン	7.0%	6.4%
ウィーン	6.3%	6.3%
ロンドン	4.9%	7.5%
バルセロナ	4.9%	6.3%
チューリッヒ	4.8%	5.0%
コペンハーゲン	4.7%	7.8%
パリ	4.7%	4.8%
モスクワ	4.4%	5.3%
ヘルシンキ	4.0%	4.5%

（出典：Urban Land Institute と PwC）

第16章　日本企業のための
　　　　ロシア投資検討課題

I グリーンフィールド生産投資

1 概　観

　グリーンフィールド投資には、長期間にわたる許認可の取得など煩雑な手続を要するため、事前に十分な計画を要する。欧米企業は、下記の理由から、かなりの時間を割いて節税計画を練る企業が多いが、日本企業も専門家の指導の下、入念な税務プラニングを行ったほうが賢明ではなかろうか。

(1)　原則として、機械設備の購入など、立ち上げにかかる費用に関して仕入VATがかかるが、それを相殺する売上VATは、工場が稼動して売上が立つまで発生しない点（長期になり得るタイムラグがキャッシュ・フロー上の観点からは問題）
(2)　機械設備の輸入にかかる関税のインパクトが大きい点（関税はコスト）
(3)　他国と比較し、法定の減価償却率が低い点
(4)　立ち上げ段階の累積欠損金がかさむ点
(5)　立ち上げ段階の資金需要が大きくなる点

2 ステップ・プラン

　上記の理由から、工場の建設にあたっては、次のようなフェイズごとの計画を立て、税務計画のみならずその他法令遵守業務を効率よく進めていきたい。

1　計画段階

① FS（フィージビリティー・スタディー）
② 工場のデザイン、用地の選定
③ 会社 vs. 支店についての検討
④ 税務計画（関税プランニングなど）
⑤ その他

2　準備段階

① 会社 vs. 支店についての決定と設立
② 当局との投資に関する覚書（該当する場合）
③ 建設業者の選定
④ 土地の購入・リースの準備（建設業者による土地調査など）
⑤ 関連当局からの許認可申請（TEO：環境関連調査を含む）
⑥ 設備の購入・輸入（安全基準などの法令遵守要）
⑦ 建設許可証の申請
⑧ その他

3　建設段階

① 建屋の建設（安全、衛生、消防基準等）
② 設備機械の搬入（購入・輸入）と据付け
③ 最終段階の許認可取得（Commissioning Permit）
④ 工場の登記
⑤ 土地の購入・リース契約の締結
⑥ その他

3　検討課題

次に、グリーンフィールド投資における具体的な検討課題を、主として税務面に絞って、以下列挙する。

1　ロシアへの機械設備の現物出資

第6章および7章で述べたように、本社からロシア現地法人に生産機械装置等を現物出資する場合、当該機械装置の輸入にかかる関税ならびにVATの免除申請を行うことができる。ただし、免除申請手続には、当局との複雑な交渉ならびに膨大な提出書類の作成等、相当な労力と経験を要するため、専門家のサポートを得ながら確実に進めていくのが賢明であろう。仮に申請手続に不備があった場合、関税当局からの証明書の発行が遅れることがあり、このような問題が発生すると機械装置の搬入・据付けが遅れ、結果として予定している工場の立ち上げ・稼動スケジュールに支障を来たす恐れがある。

【検討事項】
○関税およびVATの免除可能性（資産の種類による）
○機械設置費用、輸送費用などの損金可能性
○その他

2　ロシア現地法人における設備機械の輸入

工場用の機械設備等を海外から輸入調達する際、まず資産リストを作り、該当する関税率や関税コードを調べ、次に、免除を受けるための関連費用（コンサルタントの費用等）を概算する。そうして、費用対効果を確認した上で、免除申請を行うべきであろう。

(1) 関税法上の留意点

　一部の機械設備の輸入について関税が免除される可能性があるので、検討要。対象は700項目におよぶ機械設備である。原則として、2007年6月30日までの時限立法だが、延長の可能性がある。

(2) VAT法上の留意点

　仕入VATの還付請求が可能か検討要。また、資産をリースする場合のVAT法上の意味合いについても把握しておくこと。

3　出張者と駐在員

(1) 出張者

　ロシア現地法人立ち上げ支援時には、日本の本社等から多くの日本人スタッフがロシアに出張するケースが多い。中には、期間がかなり長期になる場合も少なくない。法令上のリスクを避けるためにも、本社等から現地法人へのスタッフの一時派遣方法については、いくつかのスキームを検討すべきであろう。

(2) 駐在員

　ロシアへの駐在員の派遣については、下記のオプションに基づき、税務上、法務上、実務上の比較検討を行うべきであろう。

- 二重雇用スキーム（派遣元と派遣先の両方で雇用契約）
- 現地雇用スキーム（ロシアのみで契約）
- 外国支店に帰属させ、そこからロシア現地法人にサービスを提供するスキーム

4　ロシア現地法人のファイナンシング

　税務上ならびに外国為替法等の観点から、いくつかの選択肢を比較検討すべきであろう。

- 増資（金銭出資）：ロシアでは税務上の影響なし。
- 借入：過少資本税制に注意する。
- 親会社からの無償の資金援助：契約書等のプラニングが必要。
- 現物出資：一定の条件を満たす親会社からの現物出資については法人税免除。

5　創業費と開業費

　本社が立て替えた費用を後で現法に付け替えても、ロシアで損金否認されるケースが多いので、慎重に文書を準備する必要がある。

6　経営指導料

　経営指導料やサービス・フィーを損金算入するためには、契約書や請求書など、実態を示す証憑を準備し、収益獲得のためにサービスの提供が行われたことを明確にする必要がある。いずれにせよ、損金否認リスクが高いので注意を要する。

　また、当該サービスの提供がロシアにおいて外国法人の従業員によって行われた場合には、税務上、外国法人のロシアにおける PE が認定される可能性があるので注意を要する。

　さらに、提供サービスの内容が、コンサルティング等である場合には、外国法人がロシア内国法人に対して提供したサービスについてロシアの VAT が課される。この場合はロシア法人が、外国法人に代わって仕入 VAT を支払う義務を負う（支払い総額から VAT を控除）。当該 VAT は原則として売上 VAT と相殺可能であるが、その前提として適切な書面等の証憑準備が必要である。

7　サプライヤーとの契約

本社の主契約を用いて、あえて個別の契約書を取引先と交わさずに、注文書のみで対応するケースも少なくないが、ロシア国内取引のために締結されるサプライヤーとの契約書は、税務上・法務上のリスクが高いため、専門家のレビューを受けるのが賢明であろう。

8　無形資産

ロシア現地法人が日本の本社と商標の使用、技術支援、技術文書の作成、人材研修などに関して（ライセンス）契約を結ぶ場合、以下の点に留意が必要である。

- 商標登録に関する法的規制
- ライセンス契約締結に関する法的規制
- 現地法人が日本に支払う使用料の損金算入の可否（当該費用が技術支援、生産準備支援あるいは研修のために支払われる場合、それぞれ取扱いが異なる可能性あり）
- 移転価格税制
- 源泉税
- 租税条約の適用可否
- 使用料ならびに当該契約に基づき支払われる費用のVAT法上の取扱い
- 生産準備支援による税務上のPEリスク
- その他

9　投資優遇制度

インセンティブの詳細については、第8章参照。適用条件などを十分吟味の上、申請要。当局との交渉は複雑で提出書類も膨大になるため、素人

がやっても失敗するリスクが大きい。専門家のアドバイスを受けながら、案件を進めていくのが賢明であろう。

10　工場新設と買収の比較

【グリーンフィールド vs. ブラウンフィールド】

	工場新設のケース	既存工場買収のケース
メリット	①過去の負の遺産がない点（政府所有の土地が多いため）	①所有者との契約締結により、既存施設を利用できる点 ②各種許認可を取得済みである点（ただし、所有者変更の場合は再取得の必要性有） ③工場の改築が必要となっても、新設に比べると各種手続は大幅に簡素化される点
デメリット	①要望に合った土地を見つけるのが難しく、インフラも整備されていないケースが多い点 ②土地の取得手続（許認可の申請）からスタートしなくてはならない点 ③多くの場合、取得手続以前に土地の区画整理、その他権利関係の整備・調整が必要な点 ④建築許可の取得が必要な点 ⑤土地に関する調査デューディリジェンスが必要となる点（例：軍など政府規制下にある土地のケースや土壌汚染のケースにおける環境監査）	①過去の負の遺産についての詳細なデュー・ディリジェンス（法務および環境等の調査）が必要となる点 ②調査の結果、生産工場として相応しくないとの結論となる可能性がある点 ③工場自体ではなく、既存株主の持つリスクにも影響を受ける点 ④大規模改修が必要となる可能性があり、その場合は新設と比べて割高となる可能性がある点

費用および管理手続	①ゼロからスタートするため透明性や税務プランニングの柔軟性に優れる。 ②コスト面では、特に立ち上げ時に多額の費用および時間を要する。 ③土地購入、設備搬入時に多額の関税、VATが発生し得る。 ④土地購入には政府との交渉を含め長期を要する。	①過去の税務・法務上のリスクを承継するため、詳細な調査を実施することが肝要である。 ②コスト面では、新設と比べ費用および時間で大幅な低減が可能である。 ③注意が必要なのは、ターゲットの工場が買い手の生産に適しているかの判断であり、適していない場合には大規模改修が必要となる。

11 新会社設立の場合の留意点

グリーンフィールド投資を決め、新会社を設立する場合の検討課題としては、以下の通りである。

新会社設立
1．ロシア国内か国外で設立するかの検討
2．会社形態（OOO、ZAO等）の検討
3．出資方法（金銭出資、現物出資）の検討
4．設立関連書類（定款等）の作成
5．設立前許可の取得（該当する場合）
6．設立関連書類および登記申請書類への署名
7．最低資本金の払込
8．商業登記、税務登録および社会保険への登録申請
9．銀行口座開設
10．追加の資本金の払込（該当する場合）
11．必要となるライセンス等、各種契約締結
12．発行株式の登記（ZAOの場合）

12 土地に関する法律概要

ロシア連邦法では、土地およびその他の不動産の私的所有を認めており、憲法が、民法その他の基本法とともに、所有権を保護している。ただし、ほとんどの土地はロシア連邦や地方当局等によって引き続き保有されている。

不動産に関する権利（所有権、借地権、地役権等）は不動産の登記局にて登記を行わなければならない。ロシア法は、土地の区画、特に面積、境界等の詳細ならびに法的情報を地方政府土地台帳に登録するよう要請している。すべての土地は、農地、商業地等の使用目的に応じて分類される。土地の区分を変更する場合には、連邦法に規定されている手続に準拠する必要がある。

土地法のもとでは、連邦および地方政府が所有する土地をロシア人、外国人もしくは法人に譲渡あるいは貸与することができる。ただし、天然資源や軍用地等については譲渡が禁止されている。また、森林や天然資源等私的所有が認められていない土地であっても、個人への賃貸が認められる場合がある。

II ブラウンフィールド投資

1 概観──ロシアのM&A市場

PwC中・東欧ホールディングスの調査によると、ロシアM&A市場の2006度における成長率は、前年度比111%だった（2006年度1,110億ドル、2005年度530億ドル）。

案件数では、2005年の706件から2006年の1,210件に増加した（このうち

国内取引は922件)。1億ドル以上の案件は142件あり、平均ディール・サイズは、1件当たり1億8,000万ドルだった。取引の大部分は、製造業、金融業、エネルギー・公益事業(電気、ガス、水道など)が占めた。2006年度における最大規模の案件は、ロスネフトガスによる別のガス会社の買収で、66億ドルとなっている。

なお、ロシア企業の海外M&Aについては、2006年に102件あり、投資国としては、ウクライナが22件、英国が8件、米国が7件となっている。

また、民営化案件については2006年度合計で158件あり、1件当たりの平均は910万ドルであった。

2　日本企業のためのロシアM&A

日本企業のロシアにおけるM&Aについて、件数や金額をベースに特に集計を行ったわけではないが、日々案件を扱っている経験から判断して、体感的に件数、金額とも確実に増加傾向にある点が感じられる。ただし、全世界レベルの大規模案件の一環としてロシアがスコープに入っているディールを除くと、一般的に、日本企業の投資対象としては、ロシアの中小企業が多い。このため、巨大企業も多数存在するロシアにおいて、ロシア企業全体の性格をひとくくりで論じることには無理があることをご理解いただきたい。また、日本でも同じだが、M&Aについては個別性が強く、これはロシアにおいても同様である。

一般的に、M&Aの市場は、資本市場やそれをとりまく会計・法律の発展段階と密接不可分に関係している。これはロシアにおいても、同じである。したがって、ロシアが特別な状況にあるわけではなく、概ねかつての日本と同じであると考えれば(むろん、ロシア固有の歴史的背景から来る要因もあるが)、ネガティブ要素にちょっとぶつかっただけで投資不適と

即断することなく、寛容な姿勢で投資を検討できるようになるのではなかろうか。

M&Aの場合、リスクとリターンの関係を考えることが大切である。リスクといった場合、マクロ・リスクおよびミクロ・リスクを考える必要がある。マクロにおいては、政治経済の状況変化が挙げられるが、ロシアにおいては考慮すべき要素としては大切なポイントである（日本国内におけるM&Aではあまり考慮する必要がないため、特筆に値するであろう）。

以下は、ミクロ・リスク（企業側）に焦点を当てて、論じている。

3　企業の実態調査を行う上での5つのポイント

1　税務上の留意点

日本の場合、デューディリジェンスにおいて税務に重点がおかれるケースは必ずしも多くはない。調査されないわけではないが、あくまで財務調査の一環として補足的に行われる。このため、ロシアの会社を買収する際に、税務上のリスク査定がロシアにおいては最重要検討課題の一つであることに、実感としてピンとこない日本企業の担当者も少なからず見うけられる。また、ロシアの場合、欧州と比較して、税率そのものはそう高くない。だが、ロシアにおいては以下の理由から、潜在的租税債務の精査は不可欠なのである。

① 歴史的に税務当局の徴税姿勢が厳しく、かつては「税務警察」とよばれた組織さえ存在した点

② 末端の調査官に重いノルマが課されているのと、調査官の知識・経験にバラつきがあることから、時として非論理的な対応がないとは言い切れない点

実際、税務関係の行き過ぎた節税による簿外債務の累積的な影響額を計算すると、純資産を軽く超えてしまうケースも少なからず見うけられる。そして、その額を見ただけで投資を断念してしまう場合がある。この点については、投資対象の会社のみならず、取引先、得意先にも当てはまる可能性があるので、注意を要する。例えば、与信状態の良い取引先が突如倒産してしまうこともリスクとして織り込んでおくことが肝要である。

　これは、ロシアにおける納税意識にも起因するものとおもわれるが、行き過ぎた節税を行う企業の数は日本の比ではない。むろん、脱税と当局にみなされれば、重い罰科金が科される。なお、簿外債務は顕現化しない場合もあり、その判断が非常に難しい。スキームを組むにあたっては、仮に顕現化したケースを前提にする必要がある。

　税務調査における実施内容や税務調査の未了期間については、税務デューディリジェンスにおいて日本同様チェックを行う。

　また、付加価値税についても、EU諸国や日本においては、条件を満たせば、仕入VATの還付は、原則として可能だが、ロシアにおいては、まずキャッシュで還付されることはない。良くても将来の売上VATとの相殺、実際は多くのケースで戻ってこないため、税務裁判所で争う羽目になる。企業価値評価手法であるDCF法を用いて評価を行う場合には、考慮しなければならない項目ではあるが、現実問題として、仕入VATの回収可能性やタイミングについては予測が極めて困難である。

　さらに、関税リスクの査定も重要である。正式な通関手続を取らずに、関税評価額を極度に圧縮している会社は、かなりの数に上る（グレー通関、ブラック通関等と呼ばれる）。この点については、ロシアの連邦政府も由々しき問題として認識しており、対策に頭を痛めているのが現状である。当然、関税評価額の圧縮に伴い、輸入VATも過少申告されているわけで、それに伴う追徴課税ならびに罰科金も想定される。さらに、いくつかのト

ンネル会社を通して通関を行うこともあり、こうした取引フローを理解することは容易ではない。トンネル会社を経由することで、当事者である会社に対して関税当局が直接調査を行うリスクを回避しているわけである。

ちなみに、この類のトンネル会社は長いこと存続させずに、一定期間の後、清算してしまうのが通例である。いずれにせよ、日本においては、あまり例がみられない慣行である。なお、不正通関を行った会社は、原則として、罰則の対象となる。

また、第4章で既に説明したが、移転価格税制についても、近ぢか抜本的な改正が予定されており、税務当局は、今後欧米並みの厳しい徴税体制を構築していくものとみられる。しかしながら、納税者のみならず調査官側でも経験不足なのに加え、先に述べた脈々と流れる特殊な納税意識は一朝一夕に変わるものではない。このため、そうした税務コンプライアンス・リスクは潜在的に高いと言えるだろう。

2　法務上の留意点

(1)　土地の権利関係

旧共産圏では、土地の個人所有が認められなかった国が多く、ロシアもその例外ではない。体制転換時に、土地所有権の確定手続をきちんと踏んでおらず、その結果、不必要に複雑な権利関係が生まれ、所有権の移転に時間がかかり、スムーズなディールの進行を阻害する場合がある。実際の案件遂行時には、こうした可能性を織り込んでおくことが大切である。

(2)　代理店契約の違反

代理店の買収において、メーカー等との代理店契約に競業避止義務や違法行為の実施の禁止等が織り込まれている場合がある。その場合、脱税等を実施していると、代理店契約違反に該当する可能性がある。買収後にそうした事項が検出されることもあり、代理店契約の違反の有無については、

調査の対象とすべきであろう。

3　会計上の留意点

(1) **プラス要因**

① 減損リスク

比較的歴史の浅い会社が多く（体制変換後にできた会社が多い）、資産の減損リスクが少ない。また、固定資産などについて、成長市場特有の不動産価格等の断続的上昇が見られるため、大きな含み益があるケースが少なくない。

② 年金債務

退職金制度がないため、年金資産の積み立て不足などのリスクは原則としてない。

(2) **マイナス要因**

① 法定監査を受けているからといって、十分な監査がなされているとは限らない（特にローカルの会計事務所など）。そもそも、ロシアの会計は税務会計を基本として発展してきたため、積極的な海外展開を行っている一部の大手を除いて、国際的な財務報告に力を入れている会社はまだまだ少ない。

② 歴史が浅いのは、資産減損リスクの観点からはプラス要因だが、一方で、体制転換後の動乱の中で、急激な成長を遂げた会社も少なくなく、内部統制等の面で少なからず問題を抱えているケースも散見される。

4　不明瞭取引

経費の過大計上や売上の過小計上等を行って、簿外で現金を捻出する。二重帳簿を作成してあるケースもある。こうして作られた裏金を人間関係

潤滑油として、税務署や警察をはじめとする官公庁対応に使ったり、取引先に対するキックバックに利用することもある。

　また、人件費の過小計上を行い、雇用者負担の社会保障税を圧縮することもある（実際には、差額分を簿外捻出した裏金を使って現金決済する）。従業員にとっても節税になり得るため、当該取引が行われてきたが、ロシア企業の方でも、最近はコンプライアンス経営を徹底すべく（本音としては、最近益々厳格化しているロシア税務当局の調査姿勢を鑑みた上で、以前のような脱税のリスクをとっても、もはやペイしないと判断する経営者が増えているのかもしれない）、徐々にこうした慣行から脱却しようと努力しはじめている。いずれにせよ、こうした取引は当事者も既に記憶していないことも多く、追及していくのは困難を極める。

　いずれにせよ、費用・収益両面における不明瞭取引が多いと、正常収益力が判断しづらい。また、管理会計と財務会計の差異の分析が困難なケースが少なくない。特に、DCF法を用いて評価を行う場合には、価格に影響を与え得る項目として留意を要する。

5　関連会社間取引

　オフショアのSPCなど複雑な関連会社間取引を用いて、行き過ぎた税コストの削減を行う企業も多い。租税回避行為を隠蔽するために清算と新会社設立を繰り返しているケースもあるので、注意を要する。

　スタンド・アローン・イシュー、つまりある事業グループからその会社が切り離された場合に起きる出来事について、どのようなものがあるかを考えておく必要がある。正常収益力が表面的にはプラスであっても、さまざまなグループ間取引の結果から生まれている可能性がないわけではない。例えば、関連会社が保有している資産について賃借料があまり支払われていない場合、グループから離れた途端にそれが顕現化する。そのようなケ

ースでは、事業に不可欠な当該資産を買い取る必要性さえでてくる可能性がある。この点、あらかじめ数年先を見越した上で、現状の資産ポートフォリオで事業拡大に支障がないことを確認しておく必要がある。これはロシアに限ったことではないが、在欧の日本企業の中には資産を保有することを嫌い、かえって高額な賃借料を払い続けるケースが散見される。この結果、事業収益力が必要以上に鈍化していることも少なくない。M&Aにおいては、不動産保有に伴うリスクもあるが、保有しないリスクというものも存在する点に注意が必要である。

　なお、デューディリジェンスにおける、グループ会社間取引については、フローチャート等で整理して検討を行うのが定石である。例えば、株主に家族や親戚あるいは友人などが含まれているケースはロシアではかなりある。また、グループ会社から借りている賃借料の適正性について問題になることも少なくない。それから、債務超過の会社がグループ内にある場合、清算手続が複雑化するケースもある。

4 ロシアでデューディリジェンスを進める上での3つの留意事項

【通常の買収プロセス】

市場参加の決定 ⇒ 買収対象の把握 ⇒ 初期分析 ⇒ DD ⇒ 投資の決定

海外投資家のロシアに対しての関心は高いが知識は十分ではない。

【ロシアでの買収プロセス】

市場参加の決定 ⇒ 買収対象の把握 ⇒ 投資の決定 ⇒ DD

5 案件運営上の留意事項

(1) 勘定明細等、資料が十分でないことが多い点。信頼性の高い情報の不備が多いため、日本のディールのような洗練されたデータルームなどは望めない場合もある。その結果、買収アドバイザー（そして依頼主）は待たされることが多い。

(2) 買収の専門家がロシアではまだ少ない点。このため、アドバイザーの確保は重要な課題（超がつくほど売り手市場のため、値引き交渉などしても徒労に終わることが多い）。また、税務や法務についてのアドバイスもやはり不透明な要素が多いため、明確なアドバイスを得にくい。

(3) プロジェクトそのものが長期化する可能性が高い点。

(4) 制約条件が多すぎて、不十分なデューディリジェンスに終わることが

少なくない点。このため、本社の理解を得るのが困難になるケースもある。この種の問題を避けるには、デューディリジェンスをどのように依頼し、進めていくべきか、など欧州やロシア買収案件について経験豊かな日本人アドバイザーの指南を受けながら案件を着実に進めていくことが肝要である。

(5) ロシアにおけるデューディリジェンスでは、単に専門家に丸投げすべきではない。会社側も積極的に調査にかかわっていく姿勢がなければ、なかなかうまく進められない。

(6) 各種デューディリジェンスにおいて、実施の重要性の観点から考えると、税務および法務を最優先すべきであろう。財務デューディリジェンスについては、細部での違いはあっても、概ね日本と大きな差異はないと考えておいてよい。

6 スキームに関する留意事項

ロシアの国益にかかわる「戦略的産業」を除けば、原則として、外国法人がロシア国内の会社の株式を持つことは認められている。最大のポイントは、簿外債務を背負い込むリスクを回避することにほかならない。

典型的なエクイティー・ディール（株式譲渡）の場合、買い手はヒストリカル・リスクを継承することになる。それでも、ライセンスや契約の引継ぎの問題などを回避したい場合、税務上の繰越欠損金をそのまま引き継ぎたい場合、あるいはシンプルなスキームにしたい場合などに、株式譲渡が選択されることになる。なお、株式の買い取りスキーム等の構築において、独占禁止法についても考慮する必要がある。

一方、アセット・ディール（資産譲渡）においては、買い手は新会社を有限責任会社（ООО）形態でつくり、資産の譲渡を受けることが多い。

ただし、当局に「事業譲渡」として認定された場合、過去の法人格で行われた事業に関わる潜在負債の事実上のリスクを引き継ぐ可能性があるので注意が必要である。

　資産譲渡の場合、VATが売り手に還付されるかどうかが課題となる。また、資産価格の上昇局面において売り手に譲渡益が発生することがあり、その譲渡益に対する課税を回避するため、スキーム上は資産評価をおさえた上で、差額についてサービス・フィー等の名目で買い手から売り手に定期的な支払いを行うスキームも検討すべきであろう。VATは、日本と比較すると、税率（通常18パーセント）が高く、投資額に応じて、VATのインパクトが大きくなる。また、VAT還付の問題はコスト・インパクトのみならず、手続の煩雑さ等からもロシアでは大きな問題となり得る。いずれにせよ、日本の消費税について還付問題に直面することは稀なため、そのギャップについては留意を要する。

　ロシアにおける資産譲渡は、概ね以下のようなプロセスをとる。ビルのオーナーが土地の購入許可を市当局に対して行う。土地の購入許可が下りない場合、裁判所に行き、市当局に対して許可を強制する方法もある。手続は煩雑で、時間がかかる。そのために1年ほどかかる場合さえある。建物は民間所有が一般的だが、土地に関しては政府所有のケースも多いため、時間がかかることが多い。

　こうした時間的な問題から、買い手はリスクをヘッジするため、売却代金の支払いを遅らせることやエスクロー・アカウント（共同名義の口座に売却代金をプールする）を設定することを検討すべきだろう。

　合弁の場合は、ロシア企業に投資するための持株会社をロシア国内におくべきなのか、オフショアにすべきなのか、という税務・法務面を含めた詳細な検討が必要である。また、多数株主になるべきなのか、少数株主に

なるべきなのか、という点についても、日本企業の社内では経営戦略とロシアリスクの観点から、せめぎ合いとなることが少なくない。事業のコントロールができないことから、運営面におけるリスクを避けるべく、多数株主になることもあるし、逆に、現地側での初期段階におけるモチベーションを維持するために、あえて少数株主に留まる場合もある。

合弁に関するその他の留意点として、ロシア企業の不動産等を現物出資するケースと日本からの金銭出資を行う場合が考えられる。ロシア側で現物出資を行った後に、株式を買い取るということもあり得る。

ファイナンス・スキームを考える上で金利に関して国内源泉税率が20パーセントである点には注意（クロスボーダースキームの場合は、租税条約により軽減され得るが）。

なお、買収後、経営が順調に推移していった場合、検討課題になるのは利益をどう吸収していくかという点である。これに関しては、以下の方法が考えられよう。

1．配当
2．利息
3．ロイヤリティー（商標・ノウハウ）
4．サービス・フィー
5．その他

トレードマークの使用料（ロイヤリティー）については、ロシア側で損金算入するために、ロシア特許庁において、ライセンス契約と商標を登録しておく必要がある。

マネジメントを引き継ぐ場合は、運営上のリスクを内在する点に注意が必要。仮にアセット・ディールにより、リスクを軽減したとしても、また同じような潜在的リスクのある取引を繰り返す可能性がある。その意味でマジョリティーをとるという判断もあるだろう。

資産譲渡に関わる取引コストについては、基本的に取得原価に算入され、売却のときに実現する。その一方で、コンサルタント費用などの費用は費用処理される。

　ロシアにおいては、資産譲渡の方が事業譲渡よりも一般的に用いられる。事業譲渡の場合、当局において複雑な登記が必要だが、資産譲渡の場合これは不要である。このため、譲渡契約書上に表明保証条項を入れておくことが考えられる。資産譲渡の場合、売り手と買い手の合意の上、売り手と第三者の契約を終了し、買い手と第三者との間に新たに契約を結び直す必要がある。なお、買い手がすべての資産、負債、権利義務関係を継承した場合は事業譲渡も可能だが、実務上はロシアでは稀である。

　もし、株式買収等について保証が付されている中で簿外債務が発覚した場合、買い手は売り手に対して求償を求めることができる。その場合、通常の課税所得として取り扱われる。

　M&Aにおいて着目するポイントの一つである税務上の繰越欠損金については、発生年度から10年間繰り越すことができる。

　債務超過の会社を引き継ぐ場合においては、民法上の規定に基づき、債務超過を解消する必要性がある。債務超過状態によっては、強制的に清算を要請される場合もあり留意が必要である。

　それから、日本企業はまだ投資段階であり、売却を検討する企業は稀かと思われるが、清算手続の煩雑さから株式の売却を選好する可能性もあるだろう。

　買収した企業の中にノン・コアと思しき事業が含まれている場合に、その資産を単純に売却するか、子会社が保有する形にした上でその株式を売却するかという選択肢がある。ほかにもいくつかのオプションがあるが（分割手続もある）、いずれにせよ税務リスクに留意しながら検討する必要がある。

7 買収価格に関する留意事項

　価格算定方式については、基本的に国際スタンダードの方式が採用されている。

　ただし、売り手であるロシア企業は、当事者間での感覚的な値付けに慣れていたり、国際的な価格算定方式に不慣れなケースもあり、注意が必要である。一方、比較的分かりやすい価格についてのアプローチが行われている場合もある（例えば当期純利益の何倍を純資産にプラス）。ただ、これも交渉相手の世代、あるいはそのバックグラウンドや対象となる業種により異なる。

　事業計画については、日本や欧米のようなスタンダードを期待すると拍子抜けする場合も少なくない。そもそも事業計画そのものを持ち合わせていない場合も多い。その場合、例えば会計事務所等にアウトソースをして事業計画を作らせて、それに基づいて評価を行うこともできよう。

　また、事業計画そのものが、過去の前例があまり参考にならないほどの勢いで成長を遂げており、事業計画そのものを策定しても意味をなさない場合もあるだろう。また、DCF法固有の問題点とも言えるが、事業計画そのものが恣意的につくられ、その判断材料に日本企業側が疎いということもあり得る。

　成長市場であるがゆえに成長率をどう設定するかの判断が難しい。また、これは交渉上のポイントになり得る。

　インフレが持続的な傾向にあり、インフレ率は予測しにくい。

　需給面でタイトになっている消費財等の分野であれば、西欧や日本では、値引きが恒常化している分野でも、ロシアではむしろ値上げして売られているケースがある。その場合、市場が成熟した時点の状況を想定して交渉

するのは難しい。

　人件費等を中心とする費用面のインフレ、収益面における価格の上昇と数量の拡大が恒常的にみられる。成長を前提としているため、交渉が長引けば、企業価値が上がってしまい、投資額そのものを再交渉せざるを得ないという状況も現実的にあり得るだろう。

　DCF法を用いた評価においては、限界利益の急拡大により、単年度利益は増大し、かつ事業計画の最終年度における継続企業価値が大きくなる。

　M&Aの場合、正常収益力という概念がポイントになる。つまり、異常値を排除した正常な事業収益力についての判断である。ロシアの場合は前述の通り、簿外取引などさまざまな要因があり、その判断が難しい。簿外取引を入れると事業収益力が相当良い場合もあり得るし、一方で税務上の巨額なリスクを孕んでいる可能性もある。いずれにせよ、評価上の織り込み方は難しい。

　設備投資も投資時点が数年後であれば正確なキャッシュ・フローが予測できない可能性がある。また、土地等を購入する大規模投資の場合、登記等の手続による遅れなども想定できよう。

　回収サイトや支払サイトについても、ロシアの取引慣行を知っておく必要がある。日本企業が代理店を買収した後は、同じ日本企業同士ということもあり支払サイトが短縮する場合もあり得る。一方、成長に伴い、運転資金の必要額も増えることは予想される。

　税率は名目上は低いのだが、実効税率が高いケースが少なくない。これは、第4章と第5章で述べたように、書類不備等の理由で、明らかにビジネス関連経費にもかかわらず、損金否認されるケースが少なくないからである。買収価格算定において用いる割引率の決定において、この点を勘案した上で、最終的な調整が必要と思われる。

　売り手が不動産を所有する場合は、不動産市場の今後の市場動向をどう

見ていくかが重要。鑑定評価も必ずしも洗練されていないことや、鑑定評価が恣意的に調整されることもあるため、適宜、鑑定結果の検証を行ったほうが賢明かもしれない。非営業資産としてみた場合、処分価値を勘案する必要があるが、不動産価格が上昇傾向にあり、交渉が長引く場合には不利になることもある。

設定される割引率は日本よりは比較的高めになる。これは以下のような理由からである。

1．適用される借入利率の影響。
2．同業他社として選ばれる会社の負債資本構成。
3．表面的な税率が日本より低い点。
4．ロシア国債（30年）の平均レートがリスクフリーレートとして選ばれることがあるが、日本と比較すると高めな点。
5．割引率においてカントリーリスクを織り込むことがある点。

ロシアにおける事業評価の方法は、特に欧州での評価方法と大きく異なる点はみられない。分析手法等もほとんど変わらない。

日本企業が買収する先の業種や規模によっては、欧州の会社をベースにした類似会社を参考に評価が行われる場合もある。

評価の目的は、社内調整用あるいは交渉用に評価額を用いることだが、評価報告書には相対的なものと考えた方がよいだろう。ちなみに、我々が関与した案件の中には、事業計画をベースに評価した時には、かなり高めの評価だったが、実際の交渉においてはそれが一切使われずに交渉が進んでいった例もある。

8　日本企業のロシアにおける買収例

1　目　　的
① 　合弁設立
② 　買収防衛対策：ロシア企業側からみた場合、外資が入ると乗っ取られにくい、という一般的判断。ただし、投資先の株主構成は、合法・非合法にかかわらず、複雑なケースが少なくない。
③ 　垂直統合：代理店との関係性の中から買収に発展するケース。特にブランドに影響があるので、不明瞭経営を回避するための資本参加。
④ 　その他

2　投　資　例
① 　代理店網の買収（商社・メーカー等）
② 　共同事業パートナーを模索する一環での買収
③ 　研究所の買収
④ 　グローバルもしくは汎欧州レベルの大型買収の一環でロシア子会社が含まれる場合、他

9　日本企業の問題点

　コンプライアンス上のリスクを大義に、デューディリジェンス報告書を見ただけで諦めてしまうケースが少なくない。たしかに日本のM&Aの報告書の内容と乖離しているケースが多い。また、報告書のポイントが、税務関係、関係会社間取引、不透明取引の三点に集中するといっても過言ではない。一方、ほかの観点に関するコメントが一切ないため、なかなか

判断が下せず、諦めざるを得ない場合もある。しかし、これだけの成長市場ゆえに、専門家の助言を得ながら慎重に深掘りしていけば、魅力的な案件も多々あるはずである。

昨今、JSOX（日本版企業改革法）の導入ということもあり、内部統制を意識した経営の実施に伴い、文書化が強く意識されてきている。そうした視点で見た場合、ロシア企業への投資に対して躊躇することは十分にあり得る。実際、買収を行った日本企業からは内部統制に関する問い合わせがよくある。

ロシアにおける日本企業のM&Aは試行錯誤の段階にあり、当初の調査予算の比重の置き方、予算設定そのものも慎重に考えておく必要がある。日本の案件対応の予算レベルでは到底遂行しきれない。これが日本しかM&A経験がない企業の問題点でもある。日本で設定した予算が足りないために諦めざるを得なかった例もある。

ロシアという成長市場に対する本社の大きな期待のなか、物事がスムーズに進まないというロシア特有のスピード感のギャップに投資担当者は悩み、本社との調整が難しくなることがある。

また、買収後、日本企業が事業を運営しようとしても、人材不足の問題に直面することがある。

ロシア企業に対するM&Aという観点から特別なわけではないが、欧州におけるM&Aの傾向として、最悪のシナリオで撤退することになった場合にどうなるか、ということも常に想定しながら、投資を行うことが肝要であろう。

ロシアの投資について、日本から進める場合と欧州から進める場合がある。日本と欧州の案件処理を進めてきた経験から考えれば、欧州の案件処理に近いと考えられ、欧州側担当者の方が適任と言えるかもしれない。

買収あるいは合弁した会社に対して、日本人駐在員を派遣する際に、ロ

シア労働法に従い、労働許可証と就労ビザが必要になる（第3章参照）。なお、買収後に日本本社の指示に従うロシア人を採用することで、コントロールを強化する方法もあるだろう。

私見では、デューディリジェンス上の問題は、煩雑ではあるが、解決できる問題は多い。しかし、残念ながらそこまでやり切れる体制にある日本企業は多くはない。そのため、ロシアにおいて毎年多少の日本企業のM&Aは予想されるが、大きくは増えないと思われる。どちらかというと、駐在員事務所、支店あるいは現地法人を作る中で良い対象先が見つかった時は、買うというスタンスになるのではなかろうか。

また、日本企業の中で、メーカーの進出の選択肢としてM&Aをとる例は稀だろう。やはり技術レベルを手直ししていくというよりは、むしろ一から育てた方が良いという企業が多いようだ。

10　オフショア持株会社設立のための検討課題

合弁会社（JV）をつくる場合、簡単には抜けられない。もし、JVのパートナーであるロシアの投資家が近視眼的な拡大思考のもとに経営を続け、資金を必要とした場合、増資が必要になる。一方で、増資が招く希薄化の影響を嫌う場合がある。このようなケースでは、スキームの組み方を交渉しているうちに関係が悪化する場合も容易に想定されよう。

このため、日本からロシアには直接投資せずに、ロシア事業の会社を作った上でその株式を100パーセント所有する中間持株会社を欧州に設立することがある。この点、ロシア国内法の投資家保護の不備等からオフショアで合弁を設立して、リスクを回避する方法もある（むろん、オフショアで資金調達が容易というメリットもある）。以下、留意すべき点を列挙する。

1 投資ステージごとの考慮ポイント

(1) **出資時点**

　① 資本登録税の有無

　② 資金調達と過少資本税制

　③ その他

(2) **配当・利払い時点**

　① 配当源泉税

　② 利子源泉税

　③ 使用料源泉税

　④ その他

(3) **売却時点**

　① 出資者の変更に伴う課税（キャピタルゲイン課税等）に注意

　② その他

2 国別の考慮ポイント

(1) **持株会社設立国の税制**

　① 法人税

　② 資本参加免税の有無と内容

　③ 過少資本税制

　④ 持株会社設立国とロシアの租税条約

　⑤ 持株会社設立国と日本の租税条約

　⑥ その他

(2) **ロシアの税制**

　① キャピタルゲイン課税

　② 源泉税

　③ その他

(3) **日本の税制**

① タックスヘイブン対策税制

② 外国税額控除

③ その他

　中間持株会社をつくることは、ロシア投資ではよく見うけられる。ただ、ロシアの投資家が選好する国は、ロシアとの租税条約の内容が有利で法人税率も低いキプロスなどに偏りがちなのに対し、日本の投資家の場合、タックスヘイブン対策税制を考えなければならないため、キプロスなどは不適当であり、意見のズレが生じ得る。

　なお、オフショア・スキームの相談については、ロシアだけの専門家よりも、日本や欧州本社のアドバイスを長く経験しているロシアビジネスの専門家に依頼すべきであろう。

【謝辞】この章については、著者のドラフトをPwCの佐伯康之にレビューしてもらった。佐伯はPwC東京事務所にて、外資系企業の監査、内部統制サービス等を経験後、買収関連アドバイザリー業務と企業再生関連を長年経験し、渡欧。現在、PwC東欧ロシアホールディングスの著者のチームの中で、日本の公認会計士としては唯一の「東欧ロシア日本人M&Aスペシャリスト」として、企業買収、合弁、撤退など事業再編関連全般を担当している。

おわりに

終章に代えて、著者のチームの一員で、PwC モスクワ駐在員を務める糸井和光とのインタビューで本書を締めくくりたい。

糸井和光（PwC モスクワ）にインタビュー。

著　者　モスクワに移ってからそろそろ2年近くになるけど、慣れましたか？

糸　井　最初は、渋滞などストレスを感じることも多かったのですが、住めば都ですね。お蔭様で、だんだん慣れてきました。

著　者　ところで、日本企業のロシア熱はどうですか？

糸　井　3年前にはわずか65社だった日本人会（商工会）の会員数が、去年の末には150を超えて、200社に達するのも時間の問題と言われています。その分、仕事が多すぎて疲れているので、早くもう1人雇ってくださいよ。

著　者　お疲れ様です。ところで、ロシアで働いていて、あなたの悩みのタネは何ですか？

糸　井　好況にわくロシアですが、ロシア人の同僚と働いていると、98年の経済危機の時の状況をよく耳にします。「うちの会社が2,000人体制になるなんて1998年の時は想像もできなかったよね。あの時、たくさん人が辞めていったけど、辞めないでよかったね」というポジティブな話なのですが、やはり原油価格依存経済ゆえの脆弱性というのはあるんですかね？　その点について、モリヤマさんはどうお考えですか？

著　者　たしかに、原油高が資源大国ロシアの好調な経済を支えているのは間違いないのでしょう。ただ、ロシアの今後の展望とポテンシャルを考える上でより大切な点は、新しく誕生した中産階級の存在でしょう。換言すれば、旺盛な個人消費支出に支えられた大衆消費社会の出現です。ヨーロッパに隣接した1億5,000万人の新市場における内需の拡大は、当然、日本企業にとっても魅力的なビジネスチャンスを多数もたらします。高度成長期に日本があれだけの勢いで成長できた背景には、格差社会の対極にある社会、つまり中産階級意識を持った人たちの努力があったのです。極論ですが、「国の繁栄＝広大な中産階級の存在」という図式があるわけです。第1章で述べたように、格差を示す物差しであるジニ係数もBRICs 4か国中最も小さいわけで、しかも、急速に消費社会とそれに伴う信用経済が発達しています。それに加えて、原油価格依存体質から脱却する目的で設立された安定化基金も1,000億ドル（約12兆円）を超えているわけです。そういった意味で、ロシアのポテンシャルは大きいと考えています。ところで、もう少しミクロレベルでの悩みはないのですか？

糸　井　クライアントさんを見ていると、各社ともロシアビジネスに精通したベテラン社員の方を現地に派遣されて頑張っておられますが、やはり駐在員の方々はかなり苦労されているようです。まず、何をするにも英語でいうレッド・テープ、つまり役所関係のペーパー・ワークが多過ぎる点が皆さんの悩みのタネです。ビジネスをするにもさまざまな許認可が必要で、例えば、アメリカの不動産関係のクライアントから聞いた話では、アパートを建設するのに、百数十にも及ぶ許認可が必要なようです。まさしく社会主義時代の負の遺産ですよね。英米系を中心に外資系企業もさまざまな分野でロビー活動を行っていますので、願わくば、近い将来簡素化されることでしょう。ただ、こればかりはロシアですから、いつ

　　　　　になるのかわかりませんが……（笑）
著　者　ただ、障壁はそうした箱（ルール）の話に留まらないのが、ロシアのロシアたる所以じゃないのですか？
糸　井　おっしゃっている意味は、わかります。まず、ルール自体がしょっちゅう変わるのが悩ましいところですね。これはロシアだけじゃなくて、中東欧全般に当てはまりますが、内容の陳腐化スピードが速いので、それに対応すべく、頻繁に知識のアップデートしなければならないのが悩みの種です。一種、ナマモノを扱っている感覚ですよね。
著　者　ただ、ロシアの問題は、ルールの変更頻度だけではないですよね。
糸　井　そうですね。たとえ最新のルールブックどおりに許認可を取得しようとしても、一筋縄でいかないことが少なくないのです。このため、「潤滑油」を、適宜注さないと、車輪は止まってしまうこともあるようです。変わりつつあるとはいえ、袖の下の慣習は根強いものがあります。日常生活でさえ、例えば、同僚のイギリス人は、車を自分で運転する度に警官に止められて小金を要求されるそうです。ある意味で、ロシアに進出する外資系企業は、日系に限らず、ロシアの民間企業の給与水準上昇の片棒を担いでいるとも言えますが、実際問題として、官公庁に勤める者たちの給与は、民間ほど上がりません。このため、外資がロシアでビジネスを始める際に、そうした「潤滑油」を要求されるケースは、もちろん以前よりは格段に減っていますが、可能性としては残っているようです。
著　者　構造的な問題、つまり年々上がる物価水準と末端役人の給与レベルの著しい乖離が問題なのかもしれません。これについては、連邦政府の高官レベルでは由々しき問題として解決に向けて真剣に取り組んでおられるようですが、いかんせん広大な国なので、一筋縄ではいかないのでしょう。やはり、ここは寛容な気持ちで、

長い目で見てあげるしかないでしょう。
　いずれにせよ、グローバルレベルでコンプライアンス経営が謳われている昨今の日本のビジネス界で、しかもBRICsの一翼を担うロシアが、日本企業にとって今後ますますグローバル戦略の要になっていくとすれば、経営者にとっては、悩ましい問題ですよね。

糸　井　おっしゃるとおりです。だからこそ、うちのようなアドバイザーに適宜アドバイスを求め、付随するリスクを最小化していく、いわば「攻めのコンプライアンス姿勢」が肝要だと思います。

著　者　ところで、第5章で述べた税務調査ですが、外資に対してもかなり厳しくなっているみたいですね。

糸　井　私見ですが、やはりロシアはまだまだ末端役人レベルまで、外国投資の重要性が理解されていないということに尽きるでしょう。大国メンタリティーなのかもしれませんが、私が以前担当していたポーランドやチェコをはじめ中東欧諸国ではどこも外国投資庁を置いて積極的に外資誘致を行っています。むろん、プーチン大統領は外資誘致の重要性を理解しているのは間違いないのですが、いかんせん巨大な国で、しかも官僚主義の権化のような税務当局において、末端役人レベルまで共通認識を浸透させるのは極めて困難だという点に集約されるでしょう。

著　者　「広すぎる国土がロシアに内在するリスク」ということは、よく言われますからね。それから、法律自体に、「仏作って魂入れず」という面が多分にあるんじゃないんでしょうか。理論と実態の乖離というか、現場レベルでの法律の解釈、運用に一貫性がないことが挙げられるでしょう。むろん、現場の経験不足という側面も多分にあるのですが、これから、税制改正の一環で新しい法律が導入されてきますが、最初はいろいろゴタゴタするでしょうね。

糸　井　ええ、ますます忙しくなりそうです。だから、ちょっとしつこく

てスイマセンが、いち早く人を派遣してください。ところで、モリヤマさんにとって、ロシア人って一言でいうと、どんな人たちですか？　私は日々接しているので、もはや客観的には見られなくなっているもので。

著　者　まず、個人レベルでは、正直言って、ロシア人は私が最も好きな民族です。人なつっこい人が多いし、オープンですよね。しかも、アングロサクソンと比較して、東洋人に対する人種的偏見も少ないようにおもわれます。ジェトロ・モスクワセンター所長の大橋氏のユーモア溢れる説明によると、ロシア人を形容するキーワードは「傷つきやすい、被害妄想、恐るべき耐久力・忍耐力、極端な人の良さと残忍さ、短期粘着的・長期非粘着的な人間関係、土着的・野性的」だそうです。一言で言えば、日本人にとっては、非常にわかりにくい人々だということでしょう。ヨーロッパでもアジアでもない、独特な世界を展開するロシア人たちを理解することは、決して容易とはいえません。このため、合弁等を設立する際には、「同床異夢」をキーワードに戦略を練りつつ、会計士や弁護士と話し合いながら What if...?（もしこうなったらどうする？）の発想で、チェスのように次の一手、次の一手と先を読み、可能な限り想定され得る最悪の状況下における解決策を契約書に盛り込んでいくことが成功のカギです。わたしは英米系の人たちと長年働いてきましたが、彼らは「そもそも契約は破られる可能性がある」という前提を置いた上で、分厚い契約書を作成します。一方、日本人はどうしても文化的に性善説といいますか、最後のツメが甘い気がします。実際、合弁設立後に、途中で乗っ取られてしまう日系企業のケースも少なくないようなので、やはり英米的な「人間不信の哲学」（性悪説）を貫く姿勢が欠かせないのかもしれません。

糸　井　同感です。なお、一般論ですが、日本企業は「専門家の存在意義

は有事にある」と考えがちではないでしょうか。当たり前ですが、大火事になってから、駆け込み寺のように専門家を頼っても、被害をゼロにすることはできません。大切なことは、「平時にこそ有事に備える」姿勢であって、私はそこに専門家の価値があると考えています。ロシアビジネスをやる上では、特にこの点を再認識することが大切ではないでしょうか。いずれにせよ、ロシアでビジネスを行うことは、西側でのビジネスと比較して困難な面が多々ある点は否めません。しかし、リスク管理を徹底しながら、地道に、愚直に、徹底的に努力を重ねていけば、かならず満足いくリターンが見込める、魅力的な市場である点は間違いないでしょう。

著　者　私もそう思います。人の件は早急に検討しますので、身体に気をつけて頑張ってくださいね。

糸　井　バリショイ・スパシーバ（どうもありがとうございます）。

謝　辞

　本書の執筆にあたり多くの方々にお世話になった。お世話になったすべての方にここで改めて感謝の意を表したい。紙面の関係上、全員の名前を書くことができないのが残念でならない。以下は、その中でも特にお世話になった方である。深くお礼申し上げたい（順不同）。

- 豊田周平氏（豊田紡織）
- 佐々木卓夫氏（トヨタ自動車）
- 下村哲氏（住友商事）
- 石井孝氏（伊藤忠商事）
- 石原至氏（みずほコーポレート銀行）
- 北村順一氏（郵船航空サービス）
- 菊地高史氏（アルバック）
- 向山繁氏（サントリー）
- 岩田健一氏・藤井剛氏（三菱東京UFJ銀行）
- セ・ジャンナ氏（ユーラシア三菱東京UFJ銀行）
- 堀江正樹氏（PwC名古屋）
- 高浦英夫氏・林幹氏（PwC東京）
- 糸井和光・佐伯康之（PwC東欧ロシアホールディングス）
- 中島綾子（PwCブリュッセル）
- 上村雅幸（PwCワルシャワ）
- 藤本亮（PwCバーミンガム）
- 徳山秀明・向山光浩（PwCブリュッセル）

【参考文献等】

- プライスウォーターハウスクーパースの各種公表資料
- JETROモスクワのウェブサイトおよび各種公表資料
- 三菱東京UFJ銀行『投資ガイドブック：ロシア』

・みずほ銀行『ロシアビジネスガイド』
・『ロシア式ビジネス狂騒曲』(さとう好明、東洋書店)

著者紹介

スティーブ・モリヤマ

EUの首都ブリュッセル在住。
カトリック・ルーベン大学院MBA修了、ハーバード・ビジネススクールTGMP修了。イングランド・ウェールズ勅許会計士協会上級会員(FCA)、ベルギー王国・税理士協会正会員。世界最大の総合プロフェッショナル・サービス会社プライスウォーターハウスクーパース東欧ホールディングスBVの共同経営者。中・東欧日本企業部門地域統括パートナー。
2001年11月より本業のかたわら執筆を開始し、中国・台湾・韓国での翻訳出版を含めると、本書は10作目となる。近著に『人生を豊かにする英語の名言』(研究社)、『ユダヤ人成功者たちに秘かに伝わる魔法のコトバ』(ソフトバンク)

・連絡先は stevebrussels@hotmail.com (日本語可)。
・URLは http://www.geocities.jp/stevemoriyama/

日系企業のための
ロシア投資・税務・会計ガイドブック

2007年7月10日　第1版第1刷発行

著　者　スティーブ・モリヤマ
発行者　山　本　時　男
発行所　㈱中央経済社

〒101-0051　東京都千代田区神田神保町1-31-2
電　話　03 (3293) 3371 (編集部)
　　　　03 (3293) 3381 (営業部)
http://www.chuokeizai.co.jp/
振替口座　00100-8-8432
印刷／㈱堀内印刷所
製本／㈱関川製本所

Ⓒ 2007
Printed in Japan

＊頁の「欠落」や「順序違い」などがありましたらお取り替えいたしますので小社営業部までご送付ください。(送料小社負担)
ISBN978-4-502-95560-0　C3034

Ⓡ〈日本複写権センター委託出版物〉本書の全部または一部を無断で複写複製(コピー)することは、著作権法上での例外を除き、禁じられています。本書からの複写を希望される場合は、日本複写権センター(☎03-3401-2382)にご連絡下さい。

●豊富な事例・申告書を使い，実務に直結した体系的解説書

外国税額控除の実務詳解

白須信弘著

中央経済社刊／2006.10発行
A5判／392頁／ハードカバー
ISBN4-502-94230-8

第1章　外国税額控除の概要
第2章　控除対象外国法人税額
第3章　控除限度額
第4章　控除余裕額，控除限度超過額及びそれらの繰越し
第5章　適格組織再編成と外国税額控除
第6章　連結納税制度における外国税額控除
第7章　タックス・ヘイブン対策税制と外国税額控除

◆国際的活動を行う日本企業にとって，諸外国で納付することとなる控除対象外国法人税額をその法人税額又は地方税（住民税）額から控除する外国税額控除は，重要事項といえる。

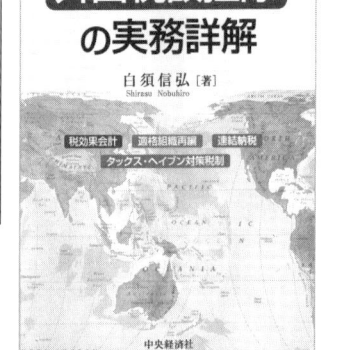

◆また，外国税額控除は，税効果会計を適用する場合の損益計算書上の法人税等費用の額と税引前当期純利益の金額に法定実効税率を乗じた金額との差額の内容の分析に影響を与え外国税額控除の理解が不可欠である。

◆本書は，日本と米国の制度を比較することでわが国の外国税額控除の特徴に焦点をあて，また具体的数値又は申告書を用いてわかりやすい内容とした。適格組織再編，連結納税及びタックス・ヘイブン対策税制と外国税額控除については，独立した章を設け，地方税もふくめ解説してある。

中央経済社